Clotilde Prates de Azevedo, ap
Francesca Carotenuto, ap
Verônica Michelle Gonçalves

NAS TRILHAS DA
VOCAÇÃO

Paulinas

Dados Internacionais de Catalogação na Publicação (CIP)
Angélica Ilacqua CRB-8/7057

Azevedo, Clotilde Prates
   Nas trilhas da vocação / Clotilde Prates de Azevedo, Francesca Carotenuto, Verônica Michelle Gonçalves. - São Paulo : Paulinas, 2025.
   192 p. (Coleção Vinde e vede)

   Bibliografia
   ISBN 978-65-5808-341-2

1. Vocação - Cristianismo I. Título II. Carotenuto, Francesca III. Gonçalves, Verônica Michelle IV. Série

25-0051   CDD 248.8

Índice para catálogo sistemático:
1. Vocação - Cristianismo

1ª edição – 2025

Direção-geral: *Ágda França*
Editora responsável: *Maria Goretti de Oliveira*
Copidesque: *Ana Cecilia Mari*
Coordenação de revisão: *Marina Mendonça*
Revisão: *Equipe Paulinas*
Gerente de produção: *Felício Calegaro Neto*
Capa e diagramação: *Telma Custódio*

Nenhuma parte desta obra poderá ser reproduzida ou transmitida por qualquer forma e/ou quaisquer meios (eletrônico ou mecânico, incluindo fotocópia e gravação) ou arquivada em qualquer sistema ou banco de dados sem permissão escrita da Editora. Direitos reservados.

Cadastre-se e receba nossas informações
paulinas.com.br
Telemarketing e SAC: 0800-7010081

Paulinas
Rua Dona Inácia Uchoa, 62
04110-020 – São Paulo – SP (Brasil)
📞 (11) 2125-3500
✉ editora@paulinas.com.br

© Pia Sociedade Filhas de São Paulo – São Paulo, 2025

Sumário

Lista de siglas 5

Apresentação 7

Introdução 11

Parte I

Nas trilhas da vocação 17

A encruzilhada da pobreza 41

A ladeira dos aflitos 51

O rio da mansidão 59

O jardim da justiça 65

A ponte da misericórdia 71

O mirante da pureza de coração 77

A lagoa da paz 87

O túnel da perseguição 95

Parte II

Metodologia vocacional hoje 101

Trilha da Palavra 107

Trilha do Papa Francisco 115

Trilha da Igreja latino-americana 121

Trilha da Teologia da vocação 127

Trilha da escuta da realidade 143

Parte III

Roteiros para atividades e pausas orantes 157

Roteiros para atividades de meio período 159

Pausa orante 169

Dinâmicas vocacionais 177

Bibliografia 187

Lista de siglas

CELAM	Conselho Episcopal Latino-Americano
ChV	Exortação apostólica pós-sinodal *Christus Vivit*
DAp	Documento de Aparecida
DP	Documento de Puebla
DV	Constituição dogmática *Dei Verbum*
EG	Exortação apostólica *Evangelli Gaudium*
FT	Carta encíclica *Fratelli Tutti*
GE	Exortação apostólica *Gaudete et Exultate*
GS	Constituição pastoral *Gaudium et Spes*
PC	Carta apostólica *Patris Corde*
PP	Carta encíclica *Populorum Progressio*

Apresentação

O Documento n. 85 da CNBB, inspirado no Papa Bento XVI, afirma que "os jovens de todos os tempos e lugares buscam a felicidade" (Evangelização da Juventude: desafios e perspectivas pastorais, n. 1). Ao passo que o Papa Francisco, já na *Evangelii Gaudium*, apontou que a "alegria do Evangelho enche o coração e a vida inteira daqueles que se encontram com Jesus" (EG, n. 1). O diálogo entre essas intuições é um elemento que perpassa toda a obra que você tem nas mãos. Com poesia, lucidez e perspicácia pedagógica, Ir. Clotilde Prates de Azevedo, Ir. Francesca Carotenuto e Verônica Michelle Gonçalves nos apresentam um instrumento valioso para se (re)pensar a animação vocacional. Uma pastoral vocacional focada no Reino de Deus e na proposta eclesial que o pontificado do Papa Francisco propõe é ainda uma meta a ser perseguida. Temos aqui algumas pistas fundamentais.

Apesar de toda a bela caminhada feita no Brasil há décadas, no campo do SAV – Pastoral Vocacional, da reflexão sobre uma cultura vocacional, pensar a animação vocacional dentro do grande anúncio que Francisco nos aponta na *Christus Vivit* (nn. 111-133) e focada na felicidade dos jovens é um desafio de proporções exponenciais. Contudo, é uma opção importante para uma Igreja sinodal.

Ao iniciarmos as celebrações do Jubileu da Esperança, a obra *Nas trilhas da vocação* nos traz luzes para (re)ver a animação vocacional no horizonte do pontificado de Francisco. A primeira provocação é a própria imagem da trilha. Considerar a vocação como uma trilha implica um esforço de pensar a partir das juventudes e a partir deste tempo. Na imagem da trilha, encontramos: planejamento, desafio, esforço, surpresa, capacidade de repensar o caminho a partir do que vai acontecendo e tantos outros elementos.

Após uma apresentação do que seria uma trilha e de algumas perspectivas da vocação, as autoras nos brindam com uma linda reflexão sobre as bem-aventuranças e as juventudes. Mostram-nos um itinerário de forma lúdica e profunda. Anunciam essa iluminação teológica em diálogo com a reflexão das últimas décadas da leitura popular da Bíblia e da Pastoral da Juventude sobre os lugares bíblicos. Dessa forma, cada sentença das bem-aventuranças é colocada em diálogo com ao menos um lugar bíblico, como Tarso, Damasco, Betânia. Jericó, Tiro, Cafarnaum, Nazaré, Samaria e Jerusalém. Essa parte do texto oferece um retiro ou, ao menos, alguns momentos de meditação para jovens ou para animadores vocacionais. Aproveite, leia e medite essa parte, pois vale a pena. Nela as autoras nos apresentam, de forma criativa, um itinerário em forma de mapa, inspirando-nos e nos desafiando no fazer vocacional.

A segunda parte do livro é uma reflexão sobre a metodologia vocacional, abordando o tema com leveza e profundidade. As autoras, mais uma vez, costuram elementos significativos da caminhada da animação vocacional no Brasil com intuições pastorais que dialogam com urgências e sensibilidades do tempo em que vivemos. Apontam que é preciso metodologia, pois, para a animação vocacional, não basta boa vontade ou recursos. Nessa parte, são apontadas cinco trilhas que comporiam o caminho: a trilha da Palavra; a trilha do Papa Francisco; a trilha da Igreja latino-americana; a trilha da vocação e a trilha da realidade. Aqui, encontramos boas bases para que o nosso processo de animação vocacional possa estar em sintonia com o pontificado de Francisco e a caminhada da Igreja latino-americana. Há formas de fazer animação vocacional que nos podem levar para outros lugares...

Por fim, ainda nos são oferecidos alguns roteiros de atividade, apresentando pistas práticas pertinentes que nos dão ferramentas diversas para balizar o caminho, mas especialmente para provocar a criatividade dos leitores e das leitoras.

Neste momento bonito e desafiador que vivemos, a animação vocacional pode ser vivenciada no anseio de contribuir para esta Igreja em saída (cf. EG, n. 20, 46, 49) ou pode ser mais uma parte da pastoral da manutenção (cf. EG, n. 28, 30, 33, 114). Penso que, se você escolheu este livro, é porque tem desejo e disposição para (re)pensar a animação vocacional, para que esta também colabore para a nova etapa da ação evangelizadora proclamada por Francisco.

Que Maria, a Senhora Esperança, chamada por tantos nomes, nos dê coragem e forças para seguirmos nas trilhas do Evangelho, caminhando de tal modo que os processos de acompanhamento vocacional sejam, na vida dos jovens, uma "nova, bela, atraente e sedutora notícia".[1]

Irmão Joilson de Souza Toledo, marista

---

[1] Trecho da apresentação feita pelo então Padre Vilson Basso, hoje Dom Vilson Basso, no estudo n. 76 da CNBB, marco referencial da Pastoral da Juventude do Brasil.

Introdução

No caminho para o infinito, "a vida é trem-bala, parceiro, e a gente é só passageiro prestes a partir". A cantora e compositora Ana Vilela tem razão: somos passageiros, caminhantes nesta viagem chamada vida, que passa como um trem em alta velocidade. O risco é correr e não saborear, não apreciar a viagem. O convite que desejamos fazer a você, animador vocacional, é o de colocar-se a caminho como peregrino e mochileiro nas trilhas que se descortinam à nossa frente, não com o objetivo de "chegar ao topo do mundo e saber que venceu. É sobre escalar e sentir que o caminho te fortaleceu. É sobre ser abrigo e também ter morada em outros corações".

A vocação é uma trilha a ser percorrida e construída passo a passo. Quem anda à procura de algo, põe-se a caminho. A experiência do caminho proporciona muitas outras experiências que ajudam a refletir sobre o sentido da vida: decisão, meta, esforço, perseverança, essencialidade, vulnerabilidade, contemplação, natureza, desafios, beleza, solidão, encontro, crises, gratidão etc... Ao longo dessa trilha, Jesus é guia e companheiro de caminhada.

O texto que você tem nas mãos não pretende oferecer respostas ou ser um livro de receitas com fórmulas mágicas.

Nosso desejo é partilhar uma proposta para, juntos, refletirmos sobre a realidade da vocação e individuar possíveis formas para anunciá-la e propô-la no contexto atual. Como animadoras vocacionais, somos convictas de que Deus não para de chamar operários para a sua messe e que a vocação não é exclusividade de poucas pessoas. Muito pelo contrário, é a dimensão que motiva e dá sentido à vida de cada ser humano.

É fato que, na atualidade, cada vez mais enfrentamos o desafio de fazer ressoar esse chamado no coração dos jovens que encontramos. A dificuldade é ainda maior considerando que o despertar vocacional para a vida consagrada e presbiteral parece não atrair mais; esse dado gera muita inquietação no coração de muitos animadores e animadoras vocacionais, preocupados com o futuro de nossas paróquias, dioceses e instituições religiosas.

Percebemos nos jovens grandes potencialidades, uma intensa sede de Deus que se traduz num grande desejo de uma vida interior e de um renovado e profundo contato consigo mesmo e com a verdade que habita nas profundezas do coração. Ao mesmo tempo, notamos um certo "mal-estar", como um desânimo, diante da perspectiva do futuro, e uma certa dificuldade em colocar-se em atitude de escuta: silenciar os barulhos externos (e muito mais os internos!) e confiar que a vida seja algo bom, em que vale a pena se arriscar em suas trilhas para realizar os próprios anseios e onde as dificuldades podem se tornar recursos que possibilitam algo maior e melhor.

Nesse sentido, acolhemos o convite do Papa Francisco de não perder a esperança. Esse convite, tema do Jubileu da Esperança, está ressoando nas trilhas do mundo. Mais ainda para quem atua na Pastoral vocacional. Pastoral essa que abrange toda a vida de fé do cristão: "Começa com o Batismo, desenvolve-se na docilidade à graça de Deus e é por isso animada pela

Introdução

esperança, sempre renovada e tornada inabalável pela ação do Espírito Santo".[1]

Cultivar a esperança significa colocar no centro de nosso interesse os jovens, suas realidades, suas buscas, seus gritos, interesses e suas sensibilidades; em seus corações, ressoa a voz do Pai. São esses jovens que nos ajudam a ler no presente a direção do futuro. Ao mesmo tempo, não podemos esquecer que, nesse caminho, o verdadeiro sujeito é o Espírito Santo, que conduz a história e inspira o que é para fazer, o que é para dizer... Na Bula de proclamação do Jubileu, o Papa Francisco diz: "Na verdade, é o Espírito Santo, com a sua presença perene no caminho da Igreja, que irradia nos crentes a luz da esperança: mantém-na acesa como uma tocha que nunca se apaga, para dar apoio e vigor à nossa vida".[2]

Tudo isso requer uma grande liberdade e disponibilidade em deixar de lado os interesses pessoais e a preocupação com os resultados, especialmente na animação vocacional. Nesse sentido, o anúncio vocacional não deve limitar-se ao objetivo de escolher um estado de vida, mas precisa, cada vez mais, se tornar uma proposta voltada a evangelizar a forma de viver a própria vida. Um anúncio que possa abrir horizontes e levar a compreender e a viver toda a vida, em cada etapa e momento, como vocação. Ou seja, como uma proposta/oportunidade que Deus nos oferece para viver em profundidade e em plenitude.

Nessa perspectiva, a vocação pode ser apresentada (e assumida!) como um processo que abrange toda e qualquer pessoa, provocando-a a abraçar um *estilo vocacional de viver*, na escuta

---

[1] PAPA FRANCISCO. *Spes non confundit*, Bula de proclamação do Jubileu ordinário do ano 2025.

[2] Ibid.

dos apelos que Deus faz continuamente. Por isso, na primeira parte desta obra, refletiremos sobre o sermão das bem-aventuranças como um possível itinerário vocacional. De fato, as bem-aventuranças são o chamamento que Jesus faz a todos os que querem ser seus discípulos.

Acreditamos que os jovens de hoje precisam experimentar a concretude e eficácia da proposta de Jesus. Apaixonar-se por uma trajetória de vida desafiadora, que parece voltada ao fracasso, mas que, na realidade, leva à felicidade mais verdadeira e possibilita escolhas de vida (sacerdócio ministerial, matrimônio, vida consagrada, ministérios leigos) que realmente manifestam a fé e tornam "mais bonita" a Igreja e a sociedade.

"As bem-aventuranças são as oito janelas através das quais Jesus, logo no início, mostra o Reino dos céus; são também as oito portas para nele entrar e as oito vias para nele caminhar. São o céu na terra, o modo como o Reino dos céus se torna presente entre nós, o modo como se dá, o único modo para o receber, nele entrar e nele viver; o ver, construir e saborear já aqui na terra. E não há outro: para se entrar no Reino e dele fazer parte, é necessário identificar-se com alguma destas categorias; para nele caminhar, só percorrendo algum destes caminhos. As bem-aventuranças incluem toda a caminhada dos discípulos, desde o princípio até a perfeição final. Cada um, a princípio, vive mais uma ou outra bem-aventurança. Mas só se amadurece na vida cristã à medida que as vai percorrendo até que as viva todas."[3]

Na segunda parte, refletiremos sobre a questão da metodologia e pedagogia vocacional à luz de cinco trilhas que deverão

---

[3] Catequeses de preparação para a Jornada Mundial da Juventude, Cracóvia, Polônia, 26-31 de julho de 2016. Disponível em: <encurtador.com. br/7MFpF>. Acesso em: 1º set. 2024.

orientar-nos: a Palavra de Deus, a Teologia da vocação, as palavras do Papa Francisco, a caminhada da Igreja latino-americana e, por fim, a caminhada concreta e cotidiana de algumas pessoas (jovens e não tão jovens) que partilham sua experiência nesse âmbito. Ao final, há alguns roteiros de oração e de atividades que esperamos serem ferramentas úteis para seu trabalho vocacional.

Que você, animador e animadora vocacional, possa também se colocar a caminho, redescobrindo sua "trilha pessoal" e experimentando em primeira mão a alegria de escolher e viver as bem-aventuranças como estilo de vida pessoal. Assim, poderá propô-las e ser testemunha credível para os jovens que encontra e acompanha.

Com afeto, agradecemos a Carlos Eduardo Cardozo, Maria Antônia Marques e Ir. Joilson Toledo, que, com olhares sensíveis e atentos, se dispuseram a revisar este livro, tornando este caminho mais bonito e leve. Agradecemos também aos jovens e adultos que, com generosidade, compartilharam conosco suas experiências de vida.

Ademais, somos gratas a cada pessoa que já passou pelos nossos caminhos e nos ensinou, com seus testemunhos, a ser mais sensíveis e fiéis ao projeto de Jesus. Nestas linhas, há um pouco de cada uma e de cada um.

Boa jornada vocacional!

PARTE I

Nas trilhas da vocação

O que é uma trilha?

No início de nosso caminho, é importante partirmos de uma definição comum do que seja trilha. "Trilhas são caminhos existentes ou estabelecidos, com diferentes formas, comprimentos e larguras, que possuam o objetivo de aproximar o visitante ao ambiente natural, ou conduzi-lo a um atrativo específico, possibilitando seu entretenimento ou educação através de sinalizações ou de recursos interpretativos."[1]

A partir dessa definição, podemos afirmar que a trilha é um caminho que aproxima de um ambiente, ou seja, ajuda a conhecer/experimentar um espaço ou um âmbito. Além disso, conduz a um atrativo, algo que atrai, fascina, seduz e é belo!

Na perspectiva do nosso texto, podemos considerar a trilha da vocação como aquele *trajeto* que Deus nos propõe para saborearmos o *ambiente* da nossa vida com sentido, beleza, entusiasmo, em uma palavra só: para sermos FELIZES! No entanto, não existe uma única trilha, mas várias, cada uma com

---

[1] Disponível em: <abrir.link/skjVO>. Acesso em: 10 jun. 2024.

Nas trilhas da vocação

características diferentes e todas oferecendo sinalizações ou recursos interpretativos para melhor aproveitar o destino para onde elas conduzem.

Quando escutamos a palavra "vocação", é comum pensar no seminário e/ou no convento, na vida presbiteral e religiosa. Pode-se pensar na família também, pois o matrimônio é definitivamente uma vocação. Tudo isso está certo, mas, ao longo das últimas décadas, na caminhada da Igreja, há uma crescente sensibilização para o fato de que a vocação é algo mais amplo do que simplesmente uma escolha de vida. A vocação é um horizonte para ler, interpretar e oferecer uma resposta às inquietações dos jovens diante de si mesmos, da realidade e das eternas perguntas acerca do sentido da vida (cf. GS, n. 4). É uma perspectiva que envolve a vida no seu conjunto e ajuda cada pessoa, especialmente os jovens, a situar-se na "trilha" da própria experiência pessoal de vida e a percorrer um caminho de beleza, felicidade e realização plena.

A vocação é uma realidade que caracteriza o ser humano

Tendo como ponto de partida a história da salvação e o magistério do Papa Francisco, podemos ressaltar dois elementos que nos ajudam a olhar (e apresentar) a vocação como trilha de uma vida bela e feliz.

1. A vocação é uma realidade primeiramente coletiva. Deus chama o povo. Deus nos chama, nos salva e nos acolhe como povo, seu povo.

2. A vocação é um fenômeno comum: todos e todas somos chamados.

SOMOS TODOS INTERLIGADOS.

Você já fez uma experiência de escalada com os integrantes amarrados uns aos outros? Bom! É uma imagem eficaz para amadurecer a consciência de que precisamos um do outro, ou melhor, que existimos um *com* o outro e um *para* o outro. A solidariedade e a fraternidade não são simplesmente valores ou opções éticas, mas sim algo que nos constitui. As ciências nos mostram cada vez mais declaradamente que tudo está interligado. "Em 1962, Edward Lorenz observou que as equações diferenciais que descrevem dinâmicas complexas, como o clima, são tão sensíveis às condições iniciais que até mesmo o bater de asas de uma gaivota poderia mudar o tempo. Tudo está conectado, da borboleta ao furacão."[2]

Isso nos leva a olhar para Deus, que criou o universo, todas as criaturas e todos os seres humanos, e a nos colocarmos à escuta desse chamado à unidade, o chamado a ser fraternidade humana, cuidando da criação e incluindo tudo e todos. Esse chamado à unidade é ponto de partida e de chegada ao mesmo tempo. Nesse sentido, olhar para Deus, que nos chama como povo à salvação, significa levar a sério a responsabilidade de ser plenamente o que já somos: seres humanos.

Para partilhar a vida com a gente e dar-nos generosamente, precisamos reconhecer também que cada pessoa é digna da nossa dedicação. E não pelo seu aspecto físico, suas capacidades, sua linguagem, sua mentalidade ou pelas satisfações que nos pode dar, mas porque é obra de Deus, criatura sua. Ele criou-a à sua imagem, e reflete algo da sua glória. Cada ser humano é objeto

---

[2] Tudo está interligado, tanto na física quanto na teologia. Disponível em: <abrir.link/nrToC>. Acesso em: 9 nov. 2024.

da ternura infinita do Senhor, e ele mesmo habita na sua vida. Na cruz, Jesus Cristo deu o seu sangue precioso por essa pessoa. Independentemente da aparência, cada um é imensamente sagrado e merece o nosso afeto e a nossa dedicação. Por isso, se consigo ajudar uma só pessoa a viver melhor, isso já justifica o dom da minha vida. É maravilhoso ser povo fiel de Deus. E ganhamos plenitude, quando derrubamos os muros e o coração se enche de rostos e de nomes![3]

SOMOS TODOS VOCACIONADOS.

"Nos desígnios de Deus, cada homem é chamado a desenvolver-se, porque toda a vida é vocação."[4] Esta expressão do Papa São Paulo VI nos esclarece primeiramente que todos somos chamados, sem exceção, e que esse chamado é algo que abrange toda a vida do ser humano. A Bíblia, desde o começo, nos apresenta um Deus que chama. No Livro do Gênesis, Deus fala e todas as coisas passam a existir. Deus cria tudo com a sua palavra. Isso quer dizer que a existência de todas as criaturas é, de uma certa forma, um chamado de Deus. Bem sabemos que a Criação não é um ato pontual, que aconteceu de uma vez por todas, mas sim um processo contínuo. O mundo está inacabado e encontra-se em constante evolução. O ato criador nos acompanha e sustenta a cada instante. Somos seres continuamente chamados e capacitados para a existência. Portanto, como nos lembra o Papa Francisco, a primeira vocação de cada pessoa é a vocação à vida.[5]

---

[3] FRANCISCO, Papa. Exortação apostólica *Evangelii Gaudium*. São Paulo: Paulinas, 2013, n. 274.

[4] PAULO VI, Papa. Carta encíclica *Populorum Progressio* (26 de março de 1967), 15: *AAS* 59 (1967), n. 265.

[5] Cf. ChV, n. 248.

Entender a vida como um chamado, mais do que uma ponte para uma outra dimensão vocacional, é reconhecê-la em sua dimensão dialogal. Nascemos enquanto diálogo, pois viemos ao mundo para ser parte da "resposta" de Deus, do amor de Deus aos últimos. Toda vocação é reconhecer que estamos inseridos num diálogo de amor.

No ambiente da vida

A vida: dom e partilha

Estamos acostumados a escutar que a vida é um dom de Deus. É verdade! Mas, pensando bem, essa metáfora do "dom" nos coloca na perspectiva de pensar que, uma vez que esse presente está nas nossas mãos, podemos fazer dele o que quisermos. De fato, não é esse um anseio muito comum? Sermos protagonistas das nossas vidas, sermos donos do nosso "nariz"?

O anseio por liberdade traz em si algo bom e verdadeiro: o impulso de ir atrás dos nossos sonhos, de sermos livres e responsáveis pelas nossas escolhas, o que pode também nos enganar e causar sofrimento, pois continuamente experimentamos que a vida nos supera, que nem tudo depende de nós, que não podemos planejar muitas coisas, sobretudo as mais importantes.

Observando ainda as narrativas da Criação no Livro do Gênesis, podemos perceber que, de fato, a vida é uma partilha por parte de Deus. Deus é a vida, é o amor, é a liberdade, e nos oferece a possibilidade única e preciosa de partilhar essas dimensões com ele.

Deus é amor. E esse amor transborda na criação de tudo o que existe. Criados e criadas à imagem e semelhança de Deus, somos chamados a acolher o amor pelo qual somos criados e

Nas trilhas da vocação

a deixá-lo fluir ao nosso redor. Esta é a dinâmica da vocação: tomar consciência de que sou chamado a "aprender a receber de Deus sua própria sabedoria sobre minha vida. Somente ele será capaz de realizar minha felicidade. Isso não quer dizer, todavia, que eu deva estar submetido a uma vontade divina como um fantoche nas mãos de um ator".[6]

A história do pecado original nos mostra como é difícil confiar no amor de Deus e entregar-lhe, sem reservas, os nossos anseios de felicidade. Somos levados a organizar a nossa vida como queremos, mas, na verdade, a vocação é um caminho de resposta ao convite do Senhor para fazer parte de uma história de amor.[7] Como poetizou o Pe. Zezinho: "Se tu nos amas, então nos chamas. Amar é partilhar. Quem ama chama, quer atenção, todo amor termina em vocação".[8]

Vocação é sinal do interesse de Deus

Outra realidade que Deus partilha conosco é o seu interesse para com cada pessoa, especialmente os mais desamparados, marginalizados, injustiçados... Parafraseando um refrão bem conhecido de Frei Luiz Turra, podemos dizer: "Vocação, Senhor, é sinal de interesse por nós. Como um pai ao redor de sua mesa, revelando seus planos de amor". A vocação é sinal do interesse e do amor de Deus para com cada um de seus filhos e filhas.

Falamos anteriormente que somos todos vocacionados, mas que o chamado de Deus é pessoal; ele nos chama pelo nome, isto é, pessoal e individualmente. A Bíblia contém muitas histórias

---

[6] MADRE, P. *Vinde e vede! O chamado de Deus e o discernimento vocacional.* São Paulo: Paulinas, 2011. p. 10.

[7] Cf. ChV, n. 252.

[8] Disponível em: <letras.mus.br/padre-zezinho/1288108/>.

de vocação: todas elas mostram um Deus que chama cada pessoa seguindo uma metodologia diferente, que "combina" com a experiência específica, a sensibilidade da pessoa chamada, a situação concreta que ela está vivendo; ao mesmo tempo, a vocação pessoal "combina" também com as necessidades do contexto em que essa pessoa chamada vive. Por isso, podemos dizer que Deus chama com um dúplice objetivo (interesse!): ajudar a pessoa a alcançar sua própria felicidade e fazer os ouros felizes, *ser* para os outros, dando sua própria contribuição para a construção do Reino. No Evangelho segundo Marcos, encontramos essa experiência sintetizada em: "que ficassem com ele e para enviá-los a pregar" (Mc 3,14). Estar com Jesus e anunciar com a vida a Boa-nova que ele é. "O Senhor chama-nos a participar de sua obra criadora, prestando a nossa contribuição para o bem comum a partir das capacidades que recebemos."[9] Carlos Mesters diria: "Deus tem vocação e se compromete com ela chamando a todos nós".[10]

Mas qual é mesmo esse interesse de Deus? Como poderíamos descrevê-lo? A Bíblia nos oferece uma palavra: "aliança". O interesse de Deus é fazer aliança com seu povo e com cada pessoa. Ou seja, encontrar, estreitar laços, ter uma relação pessoal, revelar um traço do seu rosto a essa pessoa, para que ela possa testemunhá-lo aos outros.

Vocação é chamado para uma missão

A vocação pessoal, o chamado pelo nome, é uma experiência de encontro com o Deus vivo que leva a uma resposta e funda-

---

[9] ChV, n. 253.

[10] MESTERS, Carlos. *Vai! Eu estou contigo! Vocação e compromisso à luz da Palavra de Deus.* São Paulo: Paulinas, 2011. p. 10.

Nas trilhas da vocação

menta uma missão. Olhando para as narrativas de chamamento na Bíblia, no Primeiro e no Segundo Testamento, fica claro que não há resposta nem missão sem um encontro pessoal com Deus. A missão, antes de ser uma tarefa a ser cumprida, é testemunho de uma experiência vivida que precisa ser anunciada e partilhada. Por isso, ela se expressa e se traduz em uma ação que visa participar e contribuir para o bem comum.

> A missão no coração do povo não é uma parte da minha vida, ou um ornamento que posso pôr de lado; não é um apêndice ou um momento entre tantos outros da minha vida. É algo que não posso arrancar do meu ser, se não me quero destruir. Eu sou uma missão nesta terra, e para isso estou neste mundo. É preciso considerarmo-nos como que marcados a fogo por esta missão de iluminar, abençoar, vivificar, levantar, curar, libertar. Nisto se revela a enfermeira autêntica, o professor autêntico, o político autêntico, aqueles que decidiram, no mais íntimo do seu ser, estar com os outros e ser para os outros. Mas, se uma pessoa coloca a tarefa dum lado e a vida privada do outro, tudo se torna cinzento e viverá continuamente à procura de reconhecimentos ou defendendo as suas próprias exigências. Deixará de ser povo.[11]

As palavras do Papa Francisco deixam bem claro que vocação e missão são duas faces da mesma moeda, duas perspectivas a partir das quais é possível olhar o ser humano em relação consigo mesmo, com Deus e com o mundo; dinamismo de uma busca que, à luz do Evangelho, não procura respostas, mas horizontes. Não pergunta: "O que fazer?", mas: "Quem quero ser?" e, ainda mais: "Para quem quero ser?" ou, no coletivo: "O que Deus quer que sejamos? O que Deus quer que façamos?".

---

[11] EG, n. 273.

Guiados por Jesus

Jesus, o primeiro chamado do Pai

Podemos dizer que a encarnação de Jesus, o Filho, verdadeiro Deus e verdadeiro homem, aconteceu para nos revelar mais profundamente a proposta da aliança com Deus e para nos mostrar o caminho para acolhê-la e concretizá-la. Em Jesus, aprendemos que toda vocação é um mergulho na própria humanidade. Ele veio para nos mostrar o que significa deixar-se habitar e amar por Deus e permitir que esse amor nos preencha e transborde ao nosso redor, em prol da vida dos outros. "Eu vim para que tenham vida, e a tenham em abundância" (Jo 10,10).[12] Nele, aprendemos que deixar Deus habitar em nós nos faz, antes e acima de tudo, profundamente humanos. Quanto mais perto do divino, mais aprendemos a ser gente.

Nas trilhas da vocação, Jesus é o nosso guia. Ele nos mostra o caminho para uma vida entendida e vivida como uma aliança com Deus, que é Pai e Mãe, e em comunhão com os demais, que são nossos irmãos e irmãs. É o chamado permanente à fraternidade universal.

Podemos até dizer que Cristo é a própria trilha da vocação pessoal. Ele é o caminho que cada pessoa precisa buscar e seguir para encontrar o verdadeiro sentido da vida, o *sabor* da alegria que não acaba. Ele é a cabeça de um "corpo" no qual cada um tem sua identidade e papel. A vida de Jesus nos esclarece que a relação que Deus propõe a cada pessoa é filial, por isso a primeira missão que cada ser humano recebe é a de assimilar-se a Jesus, o Filho, segui-lo e assumir seu estilo de vida e os seus

---

[12] Todas as citações bíblicas foram extraídas de: *A Bíblia*. São Paulo: Paulinas, 2023.

sentimentos: "Tende em vós o mesmo pensamento de Cristo Jesus!" (Fl 2,5).

Vocação é o cultivo da relação com Jesus ao longo da vida toda, em um conhecimento/seguimento que se torna cada vez mais profundo, autêntico, libertador e pacificador. Como poetizou o Pe. Zezinho: "amar como Jesus amou, sonhar como Jesus sonhou. Pensar como Jesus pensou. Viver como Jesus viveu. Sentir o que Jesus sentia. Sorrir como Jesus sorria". Eis o caminho da felicidade para nós, cristãos e cristãs. Esta é a nossa vocação inegociável.

Podemos dizer ainda que, nos relatos de vocação que encontramos no Primeiro Testamento, Deus chama pessoas confiando-lhe uma missão específica. Moisés foi chamado para conduzir o povo de Israel fora do Egito. Muitos profetas foram chamados para denunciar a infidelidade de Israel etc.

Na narrativa do Segundo Testamento, é Jesus que chama e, por assim dizer, o chamado é único. Jesus chama a segui-lo. *"O Filho, o enviado de Deus, se fez homem para chamar o homem: O enviado do Pai é o chamador dos homens."*[13]

No horizonte da santidade

Seguir Jesus significa ter como horizonte a santidade; a plenitude de vida que ele veio propor e inaugurar é a plena

---

[13] Por isso não existe um trecho do Evangelho, um encontro, ou um diálogo que não tenha um significado vocacional, que não exprima, direta ou indiretamente, um chamado por parte de Jesus. É como se seus encontros humanos, provocados pelas mais diversas circunstâncias, fossem uma ocasião para, de qualquer modo, colocar a pessoa diante da pergunta estratégica: "O que fazer da minha vida? Qual é a minha estrada?". Pontifícia obra para as vocações eclesiásticas. "Novas vocações para uma nova Europa." Documento final do Congresso sobre Vocações para o Sacerdócio e a Vida Consagrada na Europa. Roma, 5-10 de maio de 1997, n. 17. Disponível em: <shre.ink/guaL>.

assunção do amor como bússola e orientação para caminhar. No hino da Carta aos Efésios, o desígnio de Deus para toda a humanidade é bem claro: fomos, e somos, escolhidos em Cristo para sermos santos e irrepreensíveis no amor (cf. Ef 1,4-5). Que possamos dizer com o profeta: ele nos unge e nos envia "para divulgar novidades aos oprimidos, para enfaixar os quebrantados de coração" (Is 61,1).

Dentro desse horizonte comum, são possíveis diversos tipos de rotas, com diferentes caraterísticas e conformações. Cada pessoa é chamada a alcançar o mesmo horizonte, percorrendo sua rota única e peculiar por meio de escolhas de vida que permitam dar continuidade à presença de Jesus no mundo e, como ele, fazer da vida um dom.

Como Jesus deu à imagem do Pai um rosto humano particular, à sua Palavra uma expressão única, cada um de nós é chamado a refletir em nossa vida a santidade do Pai.[14]

Mas como fazer para individuar essa trilha peculiar? Esta é a pergunta que inúmeras vezes os jovens nos fazem, entre a esperança de serem verdadeiramente felizes e o medo de renunciar aos próprios planos e anseios.

Seguindo o mapa das bem-aventuranças

Na Exortação apostólica *Gaudete et Exultate*, o Papa Francisco propõe a Boa-nova das bem-aventuranças como horizonte de santidade e de felicidade, dentro do qual cada pessoa pode encontrar o seu jeito peculiar de "encarnar" as palavras de Jesus. As bem-aventuranças representam um chamamento fundamental

---

[14] Cf. RONDET, Michel. Deus tem uma vontade particular para cada um de nós? *Revista Christus*, n. 144, p. 393-401, out. 1989.

Nas trilhas da vocação

para todos e se tornam um programa de vida para quem acredita na proposta de Jesus e aceita o desafio de sair da rota comum para aventurar-se por sendas menos populares.[15]

De fato, "bem-aventurado" (em hebraico: *ashar*) é uma palavra dinâmica, pois "todos os dicionários etimológicos do hebraico bíblico dão como primeiro sentido 'marchar'; 'ser feliz' é um sentido secundário, tardio. Esta palavra traz dentro de si o dinamismo da marcha para a salvação introduzida na vida humana, em direção ao Reino. Homens e mulheres buscam a felicidade, e esta se encontra em cada passo da marcha".[16]

Viver as bem-aventuranças significa viver a Boa-nova do Evangelho e caminhar rumo à santidade/felicidade. Elas não são uma promessa para o futuro, nem apenas uma consolação para um hoje difícil.

Com as bem-aventuranças, Jesus quer:

- partilhar sua própria experiência de vida;
- apresentar a visão que o Pai tem do ser humano, da vida, da história;
- chamar os discípulos e a multidão a assumirem essa visão e comprometerem-se para que ela se torne cada vez mais uma realidade concreta: a realidade do Reino.

---

[15] [As bem-aventuranças] "São como que o bilhete de identidade do cristão. Assim, se um de nós se questionar sobre 'como fazer para chegar a ser um bom cristão', a resposta é simples: é necessário fazer – cada qual a seu modo – aquilo que Jesus disse no sermão das bem-aventuranças. Nelas está delineado o rosto do Mestre, que somos chamados a deixar transparecer no dia a dia da nossa vida. A palavra 'feliz' ou 'bem-aventurado' torna-se sinônimo de 'santo', porque expressa que a pessoa fiel a Deus e que vive a sua Palavra alcança, na doação de si mesma, a verdadeira felicidade". FRANCISCO, Papa. Exortação apostólica *Gaudete et Exsultate*. São Paulo: Paulinas, 2018, n. 63-64.

[16] Cf. OLIVEIRA, Ivone Brandão. *Caminhar para o Reino com as bem-aventuranças*. São Paulo: Paulinas, 2005.

As bem-aventuranças nos mostram o rosto de Jesus e, por conseguinte, o rosto do Pai: "Quem me viu, viu o Pai" (Jo 14,9). Fiel é quem se assemelha ao Pai na prática do amor. De fato, Jesus não quis deixar regras e princípios, mas sim um "novo horizonte para assumirmos a história, um novo paradigma para humanizar a vida, um marco para construir um mundo mais digno, justo e ditoso, a partir da confiança e da responsabilidade" (Pe. Adroaldo Palaoro, sj). Viver as bem-aventuranças é seguir o mapa que nos leva a encontrar Jesus vivo, para decidir segui-lo, rumo à verdadeira felicidade e alegria. Por isso, assim como acontece nos aplicativos de navegação, que reconstroem as rotas à medida que caminhamos, estamos diante de um processo, de algo que baliza o nosso caminhar e se redesenha conforme caminhamos.

As bem-aventuranças e as juventudes

A marcha das bem-aventuranças nos mostra que o espaço para a felicidade se encontra no "vazio" das faltas e dos anseios diários. Numa oficina do Pré-Congresso Vocacional do Brasil,[17] Pe. Valdecir Ferreira propôs uma interessante visão sobre a questão vocacional como uma busca de sentido *na* vida, partindo da percepção do "vazio existencial", algo muito comum entre os jovens hoje. Ele considerou que "mais do que nunca precisamos de uma Pastoral vocacional que previna o 'vazio existencial'. Impedir que o vazio exista é impossível, e é importante a travessia e a percepção do mesmo. É relevante que o vazio seja apenas uma oportunidade de passagem pela interrogação: O que me falta?".

---

[17] Pré-Congresso Vocacional do Brasil para a Vida Consagrada, ocorrido entre os dias 21 a 23 de junho de 2019, em Brasília, o qual teve como tema: *Vocação 360 graus*, e o lema: "Mostra-me, Senhor, os teus caminhos" (Sl 25,4).

A incompletude é uma caraterística antropológica de todos os seres humanos em todos os tempos e lugares. Mas hoje em dia vivemos em um contexto mais precário e volátil, e isso gera aparentemente mais instabilidade e desconfiança diante do futuro, e inclusive diante da possibilidade/beleza de ir atrás dos próprios sonhos. O Papa Francisco insiste muito na importância de continuar a cultivar a esperança diante de todos os desafios da nossa época, que parecem ladrões de esperança.

Nesse contexto, o tema das bem-aventuranças nos ajuda a mudar o nosso ponto de vista. Somos todos *pobres, famintos, aflitos, perseguidos,* e, precisamente por isso, somos chamados a sair de nós, das nossas visões míopes, para cultivar e apostar na *misericórdia,* na *mansidão,* na *promoção da justiça e da paz.* Essa postura, bem diferente daquilo que a sociedade propõe, é, na lógica do Evangelho, mais eficaz e "de ganho".

Podemos dizer que, hoje, o trabalho vocacional com os jovens nos leva a refletir sobre a pergunta: "O que me falta?". Isso nos ajuda a reconhecer e a acolher nossa própria fragilidade, ao mesmo tempo que buscamos responder à questão: "Como posso alcançar aquilo que me falta?". Dessa forma, recuperamos a capacidade de sonhar, esperar e construir um futuro, tanto pessoal como comunitariamente.

Por isso, viver as bem-aventuranças é também um itinerário de discernimento vocacional: oito chamamentos que traçam o perfil do seguidor de Jesus e pedem uma resposta que diz respeito às pequenas e grandes situações diárias. Oito matizes de um estilo de vida que traduzem o desejo de Deus para que cada um de seus filhos e filhas seja feliz.

As bem-aventuranças são um chamado a viver de maneira alternativa, respondendo ao desejo de plenitude e felicidade que

Nas trilhas da vocação

desde sempre habita no coração da humanidade e mostrando o objetivo/sentido da existência humana.

Nelas, Jesus não só anuncia o Reino de Deus, mas mostra-o já presente no meio dos homens e mulheres, pois o Reino pregado por Jesus, antes de ser uma realidade social ou política, é um cenário de vida; um espaço interior onde cada ser humano pode encontrar-se com Deus, que habita o íntimo do coração e quer preenchê-lo com seu amor, sua luz e sua força.

Propor aos jovens as bem-aventuranças como itinerário de discernimento vocacional é uma proposta bastante desafiadora, mas significa:

- acompanhá-los na experiência da amizade com Jesus que chama;

- provocá-los a assumir uma postura diante dos valores evangélicos;

- ajudá-los a amadurecer a própria vivência cristã;

- entrever, em si e ao seu redor, realidades, sensibilidades, horizontes, que chamam a atenção, interpelam e provocam a comprometer-se e envolver-se. O Reino é o chão da realidade onde cada um pisa e onde todos somos enviados para dar a nossa contribuição.

As bem-aventuranças se tornam, então, um mapa para construir seu projeto de vida à luz da própria existência e do Evangelho. A sinalização de um jeito de ser feliz a partir da Boa-nova de Jesus, que orienta as escolhas. Este é o primeiro passo do caminho para discernir a vocação pessoal.

Segundo Pe. Valdecir Ferreira, a vocação é um "contínuo chamado que faz construir respostas de encontro com o sentido, através de experiências cotidianas".

Um anúncio vocacional baseado no chamamento das bem-aventuranças pode ser uma proposta para os jovens concretamente viverem a aliança com Deus, no *hoje*, a partir da própria história, sensibilidade e atitudes e, dentro dessa experiência, amadurecer uma escolha de vida que favoreça a expressão da imagem única de Deus que cada pessoa leva consigo. Nesse sentido, cada bem-aventurança se torna uma atitude interior a ser cultivada para moldar um jeito específico de ser pessoa, cristão, cidadão.

Cada bem-aventurança também pressupõe as outras: o justo não pode deixar de ser também manso, misericordioso, humilde etc. A caminhada vocacional, mesmo quando nos pede para focar em dimensões específicas, nos reconhece como um todo. Reconhecer a pessoa jovem em suas várias dimensões e não em "gavetas" é um desafio de itinerário a que as bem-aventuranças respondem.

O Papa Francisco, em 2013, no Rio de Janeiro, exortou os jovens a lerem as bem-aventuranças "com todo o coração", transformando-as em um verdadeiro programa de vida, e, na Mensagem para a 29º Jornada Mundial da Juventude de 2014, ele reiterou que "as bem-aventuranças de Jesus são portadoras duma novidade revolucionária, dum modelo de felicidade oposto ao que normalmente é comunicado pela mídia, pelo pensamento dominante".

Somos chamados, como animadores e animadoras vocacionais, a deixar ressoar o convite do Papa: "Tende a coragem de ir contra a corrente. Tende a coragem da verdadeira felicidade! Dizei não à cultura do provisório, da superficialidade e do descartável, que não vos considera capazes de assumir responsabilidades e enfrentar os grandes desafios da vida".[18]

---

[18] Mensagem para a XXIX Jornada Mundial da Juventude, 2014. Disponível em: <l1nq.com/3ROJC.> Acesso em: 10 set. 2024.

Acolher e viver a mensagem das bem-aventuranças significa doar a própria vida, respondendo ao chamado de Jesus, que nos garante: "Não existe amor maior do que dar a vida pelos amigos" (Jo 15,13).

Vamos, então, continuar a nossa jornada, olhar mais de perto a proposta de vida e felicidade que Jesus faz com as bem-aventuranças, observando o quanto são atuais e vocacionalmente fecundas.

BEM-AVENTURANÇAS, ANSEIOS POR UM MUNDO NOVO (Mt 5,1-13)

Tendo visto as multidões, subiu à montanha. Tendo ele se sentado, aproximaram-se dele seus discípulos. E, abrindo sua boca, ensinava-lhes, dizendo:

Bem-aventurados os pobres em espírito, porque deles é o Reino dos Céus.

Bem-aventurados os que estão aflitos, porque esses serão consolados.

Bem-aventurados os mansos, porque esses herdarão a terra.

Bem-aventurados os que têm fome e sede de justiça, porque esses serão saciados.

Bem-aventurados os misericordiosos, porque esses serão tratados com misericórdia.

Bem-aventurados os puros de coração, porque esses verão a Deus.

Bem-aventurados os que trabalham pela paz, porque serão chamados filhos de Deus.

Bem-aventurados os perseguidos por causa da justiça, porque deles é o Reino dos Céus.

Bem-aventurados sois vós quando vos insultarem, vos perseguirem e, mentindo, disserem todo mal contra vós, por causa de mim. Exultai e alegrai-vos, porque vossa recompensa é grande nos céus! Pois do mesmo modo perseguiram os profetas que vos precederam.

Vós sois o sal da terra. Mas, se o sal se tornar insosso, com que ele será salgado? Já não serve para nada, senão para ser jogado fora e pisoteado pelos homens.

Dicas para os caminhantes

Na trilha da vocação, somos sempre peregrinos e, como em uma romaria, às vezes precisamos de apoio e, outras vezes, somos chamados a ajudar alguém. Ao começar a "marcha", é importante ter consciência de que é Jesus, o Mestre, que guia a todos. Como animadores e animadoras vocacionais, podemos apoiar e caminhar com os jovens em busca de direção, pois também já percorremos esse caminho.

Logo no início da trilha das bem-aventuranças, deparamo-nos com uma placa que contém indicações que nos introduzem ao jeito de Jesus, nosso guia...

"Tendo visto as multidões, subiu à montanha. Tendo ele se sentado, aproximaram-se dele seus discípulos. E, abrindo sua boca, ensinava-lhes" (Mt 5,1-2).

A partir do texto de Mateus, percebemos que Jesus tem uma pedagogia própria para introduzir seus seguidores no caminho das bem-aventuranças. Há um detalhe interessante: as cinco atitudes que constituem essa pedagogia (*ver a realidade; subir ao monte; sentar-se; aproximar-se; ensinar*) são *essenciais* não somente para Jesus, mas também para a multidão que o escuta.

Em outras palavras, Jesus é o Mestre capaz de despertar nos seus ouvintes as mesmas atitudes que ele possui.

Na animação vocacional, para percorrer a trilha e, sobretudo, para ajudar os jovens a fazerem sua própria caminhada, é importante conhecer e seguir a pedagogia do Divino Mestre em suas diversas etapas:

1. *Ver, enxergar e contemplar.* Jesus fala para as pessoas da Galileia, da Decápole, de Jerusalém, da Judeia e do outro lado do rio Jordão, as quais o buscam para ouvi-lo e serem curadas (cf. Mt 4,23-25). Ele vê os seus ouvintes e sabe que caminharam vários dias e, muito provavelmente, não tinham o que comer. Seu jeito de olhar não é distante. Ele se permite afetar pela realidade. Reconhece nela apelos. Ao mesmo tempo, as pessoas também enxergam em Jesus um mestre capaz de

um ensinamento novo (cf. Mt 7,28-29), pois ele olha, com olhar de misericórdia, suas dores, angústias, buscas.

Chamamento para todos e todas nós: somos chamados e chamadas a conhecer e a contemplar as pessoas que temos a missão de acompanhar; a permitir que a realidade nos provoque e a reconhecer nela algo para além de si mesma. Quais são as dores, angústias, alegrias, esperanças e buscas dos jovens que estamos acompanhando?

2. *Subir ao monte.* A montanha, no Evangelho de Mateus, tem uma grande importância: faz memória do Sinai, de Rafidim (cf. Ex 19,1-6), do Nebo (cf. Dt 32,48-49), sendo um lugar ligado ao sagrado, à relação com Deus e à pessoa e à missão de Moisés. Mateus quer apresentar Jesus como "o Moisés definitivo, revelador do Pai e das últimas condições da Aliança".[19]

Jesus sobe ao monte, pois, para ele, a relação com o Pai é o alicerce de sua vida e missão. A multidão sobe ao monte para seguir Jesus, pois veem nele um profeta, alguém que fala e age em nome de Deus.

Chamamento para todos e todas nós: somos chamados e chamadas a cultivar a nossa relação pessoal com Deus, testemunhando pelo exemplo e ajudando a despertar nos jovens o desejo de uma espiritualidade encarnada na vida cotidiana.

Ter sempre em mente momentos e lugares de nossa caminhada vocacional pode ajudar a nos tornar mais sensíveis aos momentos e lugares daqueles a quem acompanhamos.

---

[19] GASPERIS, Francesco Rossi. As bem-aventuranças do Evangelho segundo Mateus. In: V V.AA. *A linguagem profética das bem-aventuranças*. São Paulo: Paulinas, 1995. p. 33.

Nas trilhas da vocação

3. *Sentar-se* é um ato que tem diferentes significados e, dependendo de seu contexto, pode ser uma atitude de reflexão, descanso, concentração, assim como também pode ser um ato que confere solenidade ao contexto. Jesus se senta quando cura (cf. Mt 15,29) e se sentará quando o Filho do Homem vier no juízo final (cf. Mt 19,28; 25,31; 26,64). Senta-se também para ensinar com autoridade, assumindo, assim, a posição de Mestre diante de seus discípulos. A multidão senta-se para escutar melhor, ressaltando que não tem pressa, pois precisa das palavras do Mestre e naquele momento não há nada mais urgente ou importante do que isso.

Chamamento para todos e todas nós: somos chamados e chamadas a dedicar tempo para estar com as juventudes, a caminhar ao lado delas diante dos desafios e questionamentos de cada dia. Partilhar as alegrias e as tristezas. Diante do ritmo acelerado da vida, dedicar tempo a alguém significa passar a seguinte mensagem: "Você é importante! É importante o processo de parar para uma reflexão/aprofundamento sobre o que está ocorrendo com você e a seu redor".

4. *Aproximar-se.* No trecho bíblico, é dito: "Aproximaram-se dele seus discípulos". Com certeza, essa iniciativa dos discípulos pressupõe liberdade e respeito consigo mesmo e com o outro, e envolve um duplo movimento: sair ao encontro, aproximar-se, permitir que o outro se aproxime de mim. "Esse aproximar-se faz parte da sacramentalidade da pessoa de Jesus: não é somente sua palavra que salva, mas o contato físico com ele, que na Igreja se prolongará nos sacramentos."[20] *Jesus é o homem livre que abre espaço para todos. Sai ao encontro e se deixa encontrar.*

---

[20] Ibid., p. 34.

Chamamento para todos e todas nós: somos chamados e chamadas a ser artesãos da cultura do encontro e da proximidade, num contexto onde prevalecem o isolamento e o individualismo. A distância física já não é um grande obstáculo, pois é fácil se locomover e rapidamente chegar a lugares distantes. No entanto, é muito mais desafiador mergulhar em nosso mundo interior e permitir a alguém que se aproxime. Assim como é difícil se aproximar, sair de si mesmo e ir ao encontro do outro. Em um processo de discernimento vocacional, é importante desenvolver a capacidade/desejo de proximidade com Deus e com os outros.

5. *Ensinar.* "E, abrindo sua boca, ensinava-lhes." Dizer que Jesus abriu a boca e instruiu é "uma maneira de exprimir-se que quer sublinhar a solenidade do discurso [...] é interessante o fato de que a mesma expressão se encontra em Jó 3,1: Jó abre a boca para amaldiçoar o seu dia, a pobreza, o sofrimento que o atingiu, isto é, justamente aquelas coisas a respeito das quais Jesus diz 'felizes!'".[21]

O ensinamento de Jesus não é uma doutrina, mas a revelação de uma realidade. Jesus educa, no sentido original da palavra, que vem do latim e significa "possibilitar a manifestação das potencialidades que a pessoa possui", "tirar de dentro". Ele quer provocar/educar em nós a sua mesma dinâmica filial. Ao mesmo tempo, o Evangelho nos mostra que Jesus molda seu ensinamento a partir da realidade do outro: a mulher samaritana, Zaqueu, Bartimeu e até situações como a da mulher cananeia, nas quais aprende com os outros. Jesus é o Mestre da reciprocidade.

---

[21] Ibid., p. 34.

Chamamento para todos e todas nós: somos chamados a ser educadores vocacionais. Não somos donos da verdade nem possuímos receitas mágicas, simplesmente estamos disponíveis para partilhar o que aprendemos ao longo da nossa jornada. Nossa missão nos convida a arriscar, a ensaiar e, no provisório de nossas possibilidades e linguagens, a buscar anunciar a boa notícia. E, sobretudo, estamos disponíveis para aprender com os jovens e suas realidades, histórias, experiências, sensibilidades.

A caminho...

Como peregrinos vocacionais, adentramos as trilhas das bem-aventuranças seguindo os ensinamentos deixados por Jesus. Lembramos que o nosso objetivo, no horizonte do discernimento vocacional, não é simplesmente decidir o que queremos fazer na vida, mas viver a vida como uma vocação. Devemos crescer conscientes de que nossa vida, em cada instante e em cada fase, é chamada a representar o traço do rosto de Jesus que nos foi confiado.

Esse objetivo também se aplica a todos nós que já percorremos uma parte da nossa jornada. É um objetivo diário e perene. Somos todos caminhantes.

Seguindo a metáfora da vocação como trilha de uma vida boa e feliz, cada bem-aventurança aqui é associada a um elemento (encruzilhada, mirante, rio etc...) que nos pode ajudar a aprofundar o seu significado em nossa vida.

Visitaremos lugares e cidades que foram cenários e palcos de encontros e experiências vocacionais de diferentes personagens bíblicas. Essas visitas e esses encontros nos ajudarão a reler cada bem-aventurança sob a perspectiva vocacional e a revisitar os marcos de nossas próprias experiências vocacionais, avançando sempre no caminho rumo ao Reino.

Sendo assim, convidamos todas e todos a mergulhar na simbologia do caminho e a não ter pressa de contemplar as trilhas. Lembrem-se: é o percurso que dá sabor, alegria e vida às belezas que há nas trilhas. Boa jornada!

O NOSSO MAPA

A encruzilhada da pobreza. "Bem-aventurados os pobres em espírito, porque deles é o Reino dos Céus" (Mt 5,3).

Viver a vida como vocação requer a atitude dos pobres em espírito; reconhecer os nossos apegos e permitir que Deus seja a nossa maior riqueza. Visitando Tarso e Damasco, deixamo-nos interpelar pela experiência do apóstolo Paulo.

A ladeira dos aflitos. "Bem-aventurados os que estão aflitos, porque esses serão consolados" (Mt 5,4).

Viver a vida como vocação significa aprender a viver os momentos mais difíceis na companhia de Deus, Pai-Mãe que nunca nos abandona. Visitando Betânia e nos hospedando na casa de Lázaro, Marta e Maria, experimentamos a amizade como alívio da dor e ajuda no caminho.

O rio da mansidão. "Bem-aventurados os mansos, porque esses herdarão a terra" (Mt 5,5).

Viver a vida como vocação nos convida a ir "desarmados". Aprender de Jesus a arte da mansidão (cf. Mt 11,25). Visitando Jericó, acompanhados pelo cego Bartimeu, descobrimos o "segredo" da verdadeira fortaleza.

O jardim da justiça. "Bem-aventurados os que têm fome e sede de justiça, porque esses serão saciados" (Mt 5,6).

Viver a vida como vocação significa ter fome e sede de justiça. Visitando a região de Tiro e olhando para a mulher siro-fenícia, aprendemos a transformar a realidade, rompendo os padrões e lutando contra qualquer forma de discriminação e exclusão.

A ponte da misericórdia. "Bem-aventurados os misericordiosos, porque esses serão tratados com misericórdia" (Mt 5,7).

Viver a vida como vocação é um constante exercício de misericórdia. Andando com Jesus em Cafarnaum, descobrimos o cotidiano como lugar onde é possível "sentir" a vida dos outros com paixão.

O mirante da pureza de coração. "Bem-aventurados os puros de coração, porque esses verão a Deus" (Mt 5,8).

Viver a vida como vocação requer um coração puro, capaz de integridade e transparência. Olhando para Nazaré na companhia de José, o carpinteiro, aprendemos a olhar para o nosso passado-presente-futuro com abertura, coragem e entrega.

A lagoa da paz. "Bem-aventurados os que trabalham pela paz, porque esses serão chamados filhos da paz" (Mt 5,9).

Viver a vida como vocação nos compromete a ser promotores da paz. Acompanhando Jesus em Samaria, ao encontro da mulher samaritana, aprendemos que a paz se constrói a partir do encontro, do rompimento de preconceitos, da acolhida, da misericórdia, do cuidado.

O túnel da perseguição. "Bem-aventurados os perseguidos por causa da justiça, porque deles é o Reino dos Céus" (Mt 5,10).

Viver a vida como vocação requer a coerência de ser testemunhas. Com João Batista em Jerusalém, centro do poder político e religioso, aprendemos a ser "vozes" que preparam o caminho do Senhor nos *desertos* de hoje.

Vocês são a luz do mundo. Vocês são o sal da terra. Viver a vida como vocação significa entender que a realização da vida, de toda vida, é o dom de si. Seguindo Jesus, cada um na trajetória da própria experiência de vida, aprendemos que a espera de Deus: "é a de um encontro, de uma comunhão de duas liberdades que se encontram com uma obra comum".[22]

---

[22] Cf. RONDET, Michel. Deus tem uma vontade particular para cada um de nós?, *Revista Christus*, n. 144, p. 393-401, out. 1989.

A encruzilhada da pobreza

"Bem-aventurados os pobres em espírito,
porque deles é o Reino dos Céus."
(Mt 5,3)

"Bem-aventurados os pobres,
porque vosso é o Reino de Deus."
(Lc 6,20)

Iniciando a caminhada ao longo da trilha da vocação, logo nos deparamos com uma bifurcação. Uma seta marca duas direções: *pobreza* de um lado (Lc 6,20); *pobreza em espírito* do outro (Mt 5,3). Essa encruzilhada lança de cara uma dúvida: qual a diferença entre os caminhos, se os dois fazem referência à pobreza? Bem sabemos que ser pobre é um valor na vida cristã, assim como no caminho do discernimento vocacional, mas, na realidade, ninguém quer ser pobre. Todos nós apreciamos a segurança econômica que nos permite adquirir bens, viajar, estudar, pois acreditamos que isso é sinônimo de uma vida boa. Contudo, numa sociedade consumista como a nossa, é vital (re)pensar nosso padrão de relação com as coisas, especialmente para o futuro do planeta. Existe também um outro tipo de pobreza: o desapego às próprias ideias, a busca de gratificações, o sucesso, o status etc. Essa segunda forma de pobreza é um convite a dar um passo a mais, mas não nega a primeira; ao contrário, aprofunda-a.

É importante ter presente que o termo em hebraico, ao qual o texto das bem-aventuranças faz referência, é *anawin*, uma palavra que se refere aos oprimidos, cujos direitos não são respeitados e que têm em Deus a única riqueza e o seu defensor.[1] Porém, o horizonte para onde o evangelista Mateus nos conduz, com a adição "em espírito", tem nuances diferentes de Lucas.

> O espírito, segundo a Bíblia, é o sopro de vida que Deus comunicou a Adão; é a nossa dimensão mais íntima, digamos, a dimensão espiritual, a mais íntima, a que nos torna humanos, o núcleo mais profundo do nosso ser. Então os "pobres em espírito" são aqueles que são e se sentem pobres, mendigos, nas profundezas do seu ser. Jesus proclama-os bem-aventurados, porque o Reino do Céu lhes pertence.[2]

Um empecilho na vivência dessa bem-aventurança é o orgulho e a autossuficiência: a vontade de resolver tudo sozinho, sem precisar de ninguém. Pensemos no trecho de Apocalipse:

> Porque dizes: "Sou rico, enriqueci e de nada necessito", não sabes que tu és infeliz, miserável, pobre, cego, nu. Aconselho-te a comprar junto

---

[1] "A palavra hebraica *anawim* evoca a imagem de 'curvos', 'curvados' ou 'que se curvam'. É a atitude do fraco, que não é capaz de resistir e de se defender, que é obrigado a ceder diante dos poderosos. Nossa palavra 'pobre' vem do latim *pauper*, que designa a pessoa que tem pouco quantitativamente; o ponto de vista aqui é econômico. Em hebraico, o pobre é considerado principalmente como um ser humilhado, oprimido, que não consegue fazer respeitar seus direitos." VV.AA. *A mensagem das bem-aventuranças*. São Paulo: Paulinas, 1986. p. 63.

[2] Catequese do Papa Francisco na Audiência Geral de 5 de fevereiro de 2020. Disponível em: <l1nq.com/enBt3>. Acesso em: 4 out. 2024.

a mim ouro refinado no fogo para que enriqueças, vestes brancas para que te vistas e não seja mais manifestada a vergonha de tua nudez, e colírio para pingares em teus olhos para que vejas (Ap 3,17-18).

À luz da Palavra de Deus, é fácil entender que a riqueza pode ser tornar um empecilho na caminhada vocacional quando a pessoa é apegada aos bens materiais e faz deles seu objetivo de vida. Outras formas de apego também colocam barreiras e limites na escuta da voz de Deus.

Nessa trilha, somos convidados a seguir a seta da pobreza em espírito, tomando consciência de que uma atitude importante para viver a vida em perspectiva vocacional é acolher que "existe uma pobreza que devemos aceitar, a do nosso ser, e uma pobreza que, ao contrário, devemos procurar, a pobreza concreta, das coisas deste mundo, para sermos livres e podermos amar. Devemos procurar sempre a liberdade do coração, a liberdade que está enraizada na pobreza de nós mesmos".[3] Um passo fundamental, que tomará dimensões diversas em toda a caminhada, é escapar da autossuficiência que nos impede de reconhecer quem somos, que nega a nossa humanidade e capacidade de acolher o Deus que nos ama para além de nossas contradições. Ao mesmo tempo, somos convidados a coabitar neste planeta, o que nos desafia a repensar nossa relação com os bens que estão à nossa disposição. Como os *anawins* do Primeiro Testamento, somos chamados a reconhecer quem nós somos e quem é Deus.

> *Promessa de Jesus:* "Deles é o Reino dos Céus". Jesus ressalta que o Reino pertence aos pobres. Deus está do lado dos pobres e de quem usa sua riqueza (material e pessoal) para tornar seu Reino mais belo e solidário. De acordo com o Evangelho, quem tem acesso a bens é responsável por garantir que todos tenham o necessário para viver.

---

[3] Ibid.

Nas trilhas da vocação

Dois lugares, uma história

A seta da pobreza em espírito nos leva a atravessar duas cidades, ao encontro de uma testemunha especial: o apóstolo Paulo, e é ele mesmo que nos conduz.

A primeira cidade é Tarso, na região da Cilícia, Ásia Menor, atual Turquia. No período do Segundo Testamento, era uma *pólis* (cidade-estado) do Império Romano com uma população de mais ou menos 300 mil habitantes. Era uma cidade portuária, com muito comércio, ruas estreitas, casas pequenas, estádio de esportes, muitas escolas (filosofia, artes liberais, entre outras).

Do ponto de vista religioso, era um ambiente politeísta aberto a vários cultos (Baal, Sandon, deuses gregos, culto de Roma e de César) e à presença de muitos judeus da diáspora.

Enfim, Tarso era uma cidade rica e importante que marcou boa parte da personalidade de Paulo. Ele nasceu lá, em uma família judaica, orgulhosa de suas origens e apegada à sua fé (cf. Rm 11,1; 2Cor 11,22). A partir dos Atos dos Apóstolos, temos a informação de que, provavelmente, Paulo seria de uma família de boa condição social. O autor de Atos o apresenta como cidadão romano de nascença (cf. At 22,25-28), título herdado do seu pai, que era tecelão, fabricante de tendas (cf. At 18,3). Vale ressaltar que um cidadão romano não podia ser torturado pelos judeus, embora em algumas passagens das Cartas paulinas (cf. 2Cor 11,21-29) saibamos que ele foi açoitado.

> Visitar Tarso é encontrar todos os "lugares" do nosso apego.

As nossas "riquezas" são aquilo que nos faz sentir importantes. Os motivos de "segurança" nos quais baseamos nossa confiança. Diante desses "lugares", o próprio Paulo nos diz:

Nós é que somos a circuncisão, os que prestamos culto pelo Espírito de Deus, e nos orgulhamos em Cristo Jesus e não confiamos na carne. Aliás, também eu posso confiar na carne. Se algum outro considera que pode confiar na carne, eu mais: circuncisão ao oitavo dia, da estirpe de Israel, da tribo de Benjamim; hebreu, filho de hebreus; segundo a lei, fariseu; segundo o zelo, perseguidor da igreja; segundo a justiça que vem da lei, irrepreensível. Mas, quanto era para mim ganho, isso estimei, por causa de Cristo, perda. Mais ainda: considero tudo perda por causa da supremacia do conhecimento de Cristo Jesus, meu Senhor, por quem tudo deixei e considero como lixo, a fim de ganhar Cristo e ser encontrado nele, tendo como minha justiça não aquela que vem da lei, mas aquela que vem da fé em Cristo, a justiça de Deus baseada na fé (Fl 3,3-9).

Visitando Tarso, fica claro que ser pobre em espírito, nas pegadas do apóstolo Paulo, significa:

- aprender a considerar *tudo* como perda diante da amizade com Jesus;
- ter clareza sobre o que ou quem é *tudo* para mim;
- estar disposto ao desprendimento para seguir Jesus e seu chamamento.

Indo para Damasco

A segunda cidade é Damasco, uma das mais antigas cidades da Síria, situada numa fértil planície, a cerca de 215 km ao norte de Jerusalém. Foi, por séculos, um centro comercial muito próspero, pois, por sua localização estratégica, era ponto de passagem das caravanas entre o Egito e a Síria, bem como entre Tiro, a Síria e o Oriente.

Nas planícies de Damasco, eram produzidas nozes, romãs, figos, ameixas, damascos, limões, peras e maçãs. Uma das estradas que chegam a Damasco será, para Saulo/Paulo,[4] o palco de um encontro e de uma experiência de fé tão luminosa, que irá cegar, derrubar, encurvar, revolucionar e transformar sua vida, sua identidade e suas convicções.

> *Não existe Tarso sem Damasco.* Não há desapego sem uma experiência de encontro com Jesus.

Mas... vamos ver mais de perto essa experiência singular?

> Com Saulo/Paulo ao encontro de Jesus.

No meio do caminho, uma voz

No caminho para Damasco (cf. At 9,1-19), Paulo estava convencido de que Jesus tivera uma condenação justa e que a ressurreição apregoada pelos seus era uma fraude. Por isso, ele acreditava que os adeptos de Jesus deveriam retornar ao Judaísmo autêntico, mesmo que fosse pela força; ele respirava ameaças de morte contra os que seguiam o caminho (cf. At 8,3). É nesse contexto que ele:

- *Faz a experiência do encontro com uma luz brilhante.*

  A luz lembra o primeiro ato da Criação... "Haja luz" (cf. Gn 1,3). Em um contexto em que Paulo acreditava estar agindo segundo a vontade de Deus, ele se depara com essa luz intensa, "glória de Deus" (cf. Ez 1,28), que o abre a uma nova história (nova criação): reler, à luz da Palavra-Jesus, a própria história e a experiência que faz. A experiência é graça. Não é fruto de um esforço. Como animadores vocacionais

---

[4] Era bastante comum que os judeus da época tivessem dois nomes, um hebraico (Saulo) e o outro latino ou grego. Paulo era a versão grega do nome latino *Paulus* (pequeno).

A encruzilhada da pobreza

e vocacionados, somos convidados a reconhecer este Deus que nos alcança, que toma a iniciativa.

- *Cai por terra, encurva-se.*

É um sinal profético da vocação. Moisés, ao ouvir a voz de Deus, cai com o rosto por terra em sua presença. Paulo cai pela força/intensidade da luz que o cerca e começa a experimentar na pele a dinâmica desta bem-aventurança: perceber-se e reconhecer-se pobre diante de Deus. Todo processo de discernimento é marcado por transições e instabilidades.

- *Escuta uma voz questionadora: "Saul, Saul, por que me persegues?".*

Num caminho de discernimento vocacional, as perguntas têm um papel muito relevante. Para os animadores, saber fazer perguntas durante o processo de acompanhamento vocacional é uma das chaves do discernimento. Assim como, para os jovens, é importante se deixar questionar pelas perguntas feitas. Construir espaços para que os jovens se permitam ser confrontados por suas perguntas existenciais/vocacionais mais profundas é um dos principais desafios do processo.

- *Reconhece Jesus.* Anos mais tarde, Paulo dirá:

"Não vi Jesus, nosso Senhor?" (1Cor 9,1). Ele não apenas reconhece a ressurreição de Jesus, mas compreende que Jesus é a comunidade perseguida (seu corpo místico). *Perseguir* os cristãos é perseguir a Cristo. Esse reconhecimento foi crucial para a conversão de Paulo, pois mudou completamente seu sistema de valores. Na caminhada vocacional, Jesus se revela constantemente de uma "forma" que possibilita a conversão de cada pessoa. É sempre um convite e continuamente nos remete à comunidade.

Nas trilhas da vocação

- *Levanta-se.*

  É o convite que Paulo recebe de Jesus. O encontro com Jesus muitas vezes nos desestrutura, mas o desejo do Senhor não é o de que o vocacionado permaneça na crise. A crise faz parte do processo de amadurecimento, mas é necessário achar o caminho de superação rumo ao "novo" que desponta: isso é ser pobre em espírito, estar aberto às quedas e recomeços. Não evitar o tropeço a qualquer custo nem se recusar a se levantar.

- *Fica cego por três dias.*

  Muita luz também pode cegar. Quando a experiência de Deus é muito forte em nossa vida, precisamos de tempo para assimilá-la. Jonas ficou três dias no interior do peixe; Jesus ressuscita no terceiro dia (Jn 2,1; Mt 16,1-4; Mt 28,1-10). Nesses três dias, Paulo pôde afinar as cordas da compreensão e da esperança para interiorizar a experiência feita e seguir renovado no caminho da evangelização.

- *Encontra um discípulo e é chamado de irmão.*

  Num processo vocacional, acompanhantes e acompanhados são transformados. Também Ananias é chamado a tornar-se "pobre em espírito", a "encurvar-se" e a rever suas ideias e opiniões. O Senhor escolhe e chama os que *ele quer*. O animador é convidado a realizar o acompanhamento da melhor forma possível e com a máxima liberdade, reconhecendo no outro um irmão de fé. Os jovens são convidados a confiar e a se abrir aos irmãos e irmãs que Deus coloca no seu caminho.

- *Fica cheio do Espírito.*

  Nas poucas narrativas de sua conversão, Paulo deixa claro que esse encontro foi um divisor de águas. Jesus entrou em sua vida sem mais nem menos, derrubando sua postura e seus ideais, transformando seu sistema de valores e o colocando em um longo processo de maturação de fé e da vocação, onde ele foi descobrindo que: "Aquele que me separou desde o ventre materno, e me chamou por sua graça decidiu com satisfação revelar seu Filho em mim, a fim de que eu o anunciasse entre as nações" (Gl 1,15-16); "não sou mais eu que vivo, mas é Cristo que vive em mim; e, enquanto vivo na carne, vivo na fidelidade do Filho de Deus, o qual me amou e se entregou por mim" (Gl 2,20); "Se, pois, morremos com Cristo, cremos que também viveremos com ele" (Rm 6,8); "Completo em minha carne o que resta das aflições do Cristo" (Cl 1,24); "Quando sou fraco, então é que sou forte" (2Cor 12,10); nada nos poderá separar do amor de Deus (cf. Rm 8,35-39); por causa de Jesus, o mundo está crucificado para mim (cf. Gl 6,14).

O amor experimentado transforma-se em amor solidário, ou seja, em missão guiada pelo Espírito em favor da humanidade. Com as cordas afinadas, é possível tocar os acordes do samba de quem descobriu e assumiu a bem-aventurança dos pobres em espírito: "Viver e não ter a vergonha de ser feliz, cantar e cantar, a beleza de ser um eterno aprendiz"!

A ladeira dos aflitos

"Bem-aventurados os que estão aflitos,
porque esses serão consolados."

(Mt 5,4)

Chegamos em um lugar que, além de ser íngreme, tem um nome nada convidativo: "ladeira" dos aflitos. Quem vai querer entrar num caminho que promete cansaço, aflição e choro? Imediatamente, procuramos uma rota alternativa. Assim acontece na vida e no caminho de discernimento vocacional: há momentos de dúvida, de sofrimento, de desânimo, de arrependimento...

Diante do sofrimento, a reação instintiva é recuar e fugir. Todos nós caímos na ilusão de querer evitar as dificuldades, pois a nossa ideia de felicidade é a de uma vida sem problemas, sem dor e sem tristeza. Na realidade, ninguém escapa da dor; infelizmente, a vida do ser humano é marcada inevitavelmente por angústia e aflição.

Todos nós fazemos a experiência da doença, do luto, da tristeza, da insegurança... ao nosso redor acontecem guerras, violências, acidentes, desastres naturais. O mal faz parte da realidade humana, e é uma questão sobre a qual existem inúmeras reflexões e estudos. Por que existem o mal e o sofrimento humano? Qual o sentido da dor dos inocentes? Qual a relação entre o mal e o sofrimento? Para quem não crê, esse assunto parece um absurdo e uma questão até insolúvel; já para os que têm fé, entra em jogo a questão da "bondade" de Deus.

O processo de discernimento vocacional também é marcado por momentos de "aflição", nó na garganta, desconforto, dor ao nos depararmos com decisões que parecem maiores que nós. Por vezes, o coração dói e faltam palavras para dizer o que estamos sentindo. Há períodos em que as lágrimas falam por nós, revelando que estamos passando por um momento turbulento.

Diante dessa realidade, nossa confiança em Deus e a disponibilidade em continuar o caminho logo falham, pois ele parece não se importar com o sofrimento dos seus filhos nem querer intervir para garantir sua felicidade e seu bem-estar.

Ficamos num impasse: subir ou desistir? Cada um pode fazer sua escolha, mas nossa proposta é a de enfrentar o desafio, confiando na promessa de Jesus.

> *Promessa de Jesus:* "Serão consolados". Diante de algo inevitável, a pergunta que ajuda (e consola) não é sobre o "porquê?" e sim sobre o "como?".

Segundo Galot, "o problema do sofrimento é um problema para o coração. Aquele que sofre é tentado a deixar-se levar por sentimentos de revolta e a se tornar presa do azedume. [...] Para esse problema nos vem, da parte de Cristo, uma resposta paradoxal".[1] O sofrimento por si só não traz felicidade, mas Jesus nos diz que acolher o sofrimento como experiência de fragilidade nos faz experimentar a consolação de Deus, ou seja, sentir seu amor e sua presença, que não anulam a dor, mas sustentam,

---

[1] GALOT, Jean. Sofrimento e bem-aventurança. In: VV.AA. *A linguagem profética das bem-aventuranças.* São Paulo: Paulinas, 1995. p. 61-62.

A ladeira dos aflitos

aliviam, animam, confortam e ajudam a atravessá-la. "Assim, em Cristo, o sofrimento mudou de valor: tornou-se uma oferta redentora. E esse valor é definitivo porque todos os sofrimentos dos homens estão destinados a se unir ao sofrimento redentor de Cristo. Qualquer sofrimento humano tem a finalidade, no desígnio divino, de se tornar uma oferta para a salvação do mundo."[2]

Cuidado! Ao pronunciar essa bem-aventurança, Jesus "não quis prometer simplesmente a felicidade aos aflitos num futuro indeterminado; ele não quer dizer 'Felizes serão os aflitos depois, mas: 'Agora são felizes'. Na aflição se esconde uma bem-aventurança. Com essa bem-aventurança, a face do sofrimento se transfigura".[3] O consolo vem, por vezes, do encontro de sentido, da possibilidade de partilhar, de saber que outras pessoas já viveram algo parecido, de encontrar Deus em meio a tudo que nos acontece.

Viver essa bem-aventurança nos ensina que o encontro com Jesus é o encontro com um amigo que não nos abandona na hora do sofrimento. Ao contrário, ele se faz mais presente ainda e nos ajuda a viver os momentos mais difíceis na presença do Pai, assim como fez na hora da cruz.

Um detalhe: existem flores ao longo da subida.

Na beira do caminho existem flores: muitas, as mais variadas e lindas, como margaridas, rosas, hortênsias, gerânios, bromélias, entre outras. Podemos subir reclamando ou colhendo as flores, ou seja, prestando atenção às sementes de beleza que sempre se encontram ao longo do caminho. Cada flor é mestra de vida: lembra-nos de que a vida brota de uma semente

---

[2] Ibid., p. 66.

[3] Ibid., p. 62.

que aceitou entrar na terra e morrer, transformando-se, aos poucos, para que uma nova vida pudesse surgir. Para isso, é necessário cavar, preparar e cuidar da terra, para que a semente tenha as condições necessárias para germinar no tempo certo. A paciência de esperar o tempo certo é outro elemento-chave nesse processo, em que o sofrimento faz parte do conjunto. Às vezes, isso tem a ver também com a "purificação" de nossas motivações vocacionais.

Betânia: a aldeia do descanso

Subindo a ladeira da dor, encontramos uma surpresa inesperada: atrás de uma curva, diante de nossos olhos, aparece Betânia, uma pequena aldeia onde podemos parar e descansar. A possibilidade de parar nesse lugar tem um valor simbólico muito grande, por vários motivos:

- *A geografia*: Betânia é um vilarejo situado na encosta, a sudeste do Monte das Oliveiras, a 670 m acima do nível do mar, a 1.600 m do cume e a cerca de 6 km de Jerusalém.[4]

- *O nome*: Betânia é uma palavra que vem do hebraico e significa "a casa de Ananias". Mas também pode significar "casa dos pobres ou dos aflitos" (Beth-*anawim*).

- *A narração bíblica*: Betânia é citada somente no Segundo Testamento e aparece especialmente como o lugar onde viviam Marta, Maria e Lázaro, amigos de Jesus. Com base no registro dos Evangelhos, parece que Jesus costumava se hospedar em Betânia quando estava na Judeia durante seu ministério itinerante (Mt 21,17; Mc 11,11).

---

[4] MCKENZIE, John L. *Dicionário Bíblico*. 2. ed. São Paulo: Paulinas, 1983. p. 119.

Podemos dizer, então, que a consolação de Deus nas aflições da vida se manifesta por meio das "Betânias" que encontramos ao longo das subidas do caminho.

Deus se faz presente oferecendo, de vez em quando, uma oportunidade de pararmos para descansar e saborearmos delícias (tâmaras e figos) que restauram as forças. Ele nos dá a possibilidade de encontrarmos pessoas queridas e de experimentarmos gestos de acolhida, ternura e cuidado.

Assim como foi para Jesus, Betânia é o espaço onde na aflição podemos experimentar a presença e a consolação de Deus.

Um encontro entre amigos

Os apóstolos e Jesus sempre encontravam nessa casa de Betânia uma mesa posta, um lugar para descansar, uma boa conversa e companhia. Essas atitudes de afeto e amizade foram significativas e inspiradoras para Jesus.

Na casa dos três irmãos, Jesus conheceu a disponibilidade de Marta, que não media esforços para que ele fosse bem acolhido. Ele conheceu o amor generoso de Maria, que ungiu os pés do Mestre com nardo puro. Seu gesto foi interpretado simbolicamente como preparação antecipada do corpo para a sepultura. Ele também conheceu a amizade gratuita de Lázaro, que nos relatos evangélicos não se destaca por uma caraterística específica, a não ser pela amizade, um laço precioso que lhe permite ser livre dos laços da morte. No episódio da morte de Lázaro e no sinal realizado por Jesus, é possível perceber que o sofrimento é parte integrante de nossa condição humana; até Jesus chorou e sentiu a dor da perda, do luto. Mas, como ele mesmo aponta na bem-aventurança que estamos trilhando, em toda dor há, mesmo que escondida, uma manifestação salvífica (cf. Jo 11,4).

Uma proposta de amizade

Assim como aconteceu com Maria, Marta e Lázaro, Jesus continua a repetir-nos hoje: "Já não vos chamo servos, [...] mas vos chamo amigos" (cf. Jo 15,15). E é fundamental, no processo vocacional, ajudar os jovens a estabelecer essa relação com *Jesus como o amigo* por excelência. O Papa Francisco, em diversos números da *Christus Vivit*, ressalta com muita força esse aspecto: "A amizade com Jesus é inquebrantável. Ele nunca se vai, embora, às vezes, pareça fazer silêncio".[5] Se podemos falar abertamente com um amigo, com Jesus também conversamos. "A oração é um desafio e uma aventura. E que aventura. Permite que o conheçamos cada vez melhor, entremos em seu mistério e cresçamos em uma união sempre mais forte [...] rezando, 'abrimos o jogo' com ele, lhe damos espaço 'para que ele possa agir, possa entrar e possa vencer'".[6] Por isso, não "prives a tua juventude desta amizade. Poderá senti-lo ao teu lado não só quando rezas. Reconhecerás que caminha contigo em todo momento".[7]

A amizade com Jesus leva à amizade entre nós

Aos jovens no Paraguai, o Papa Francisco garantiu: "Jesus não vende fumaça [...] Ele sabe que a verdadeira felicidade se encontra em sermos sensíveis, em aprender a chorar com os que choram, em aproximar-se de quem está triste, em deixar chorar sobre o próprio ombro, dar um abraço. Quem não sabe chorar, não sabe rir e, consequentemente, não sabe viver. Jesus sabe que, neste mundo de tanta concorrência, inveja e agressividade,

---

[5] ChV, n. 154.

[6] Ibid., n. 155.

[7] Ibid., n. 156.

A ladeira dos aflitos

a verdadeira felicidade passa por aprender a ser pacientes, a respeitar os outros, a não condenar nem julgar ninguém. Quem se irrita já perdeu: diz o ditado. Os santos são nossos amigos e modelos [...] Eles são a prova de que Jesus não é um 'vende fumaça', mas que a sua proposta é mesmo de plenitude. Acima de tudo, é uma proposta de amizade: amizade verdadeira, amizade de que todos precisamos. Amigos, segundo o estilo de Jesus. Não para ficarmos entre nós, mas para sair pelo campo, ir fazer mais amigos. Para contagiar com a amizade de Jesus toda a gente, onde quer que esteja".[8]

---

[8] PAPA FRANCISCO. Discurso aos jovens. Viagem apostólica ao Equador, Bolívia e Paraguai (5-13 de julho de 2015). Disponível em: <encurtador. com.br/nPzPT>. Acesso em: 1º set. 2024.

O rio da mansidão

"Bem-aventurados os mansos,
porque esses herdarão a terra."
(Mt 5,5)

Saindo da casa da amizade e caminhando mais um pouco, encontramos um barco ancorado na margem de um rio, cujas águas são tranquilas e transparentes. Olhando a calmaria da correnteza, dá para entender o motivo do nome: "rio da mansidão". De fato, a mansidão é uma atitude que parece indicar fraqueza, passividade ou resignação. Mas, pensando bem, a mansidão é expressão de uma grande força interior. Sabemos que, mesmo durante uma grande tempestade, nas profundezas as águas permanecem calmas. Manso é aquele que não se deixa levar pela impetuosidade dos acontecimentos e permanece firme. Ele sabe que violência, prepotência, arrogância não são o caminho certo para alcançar os seus objetivos. Manso é quem não responde ao mal com o mal, quem vive sereno, não por falta de dificuldades, mas porque sabe "ancorar-se" em Deus e permanecer em profunda harmonia com a sua vontade.

Promessa de Jesus: "Os mansos possuirão a terra".

A promessa ligada a essa bem-aventurança faz ressoar o versículo 11 do Sl 37(36), dedicado aos injustamente despossuídos: "Os oprimidos possuirão a terra e se deleitarão com uma paz abundante". O contexto é o da partilha ideal da terra (Js 12,21) e da apropriação injusta. Para o salmista: "A felicidade dos ímpios não dura muito tempo, do mesmo modo que o sofrimento dos justos, que sempre terminam na prosperidade e na felicidade. [...] Diante da prosperidade dos ímpios [...] não perca a paciência, não te irrites, não te revoltes. Em vez disso, conserva-te tranquilo diante do Senhor e espera com paciência".[1] O manso é aquele que "não se irrita, que não fica fora de si, que sabe conservar-se calmo e tranquilo, que sabe mostrar-se de uma paciência inalterável. Não há nele dureza nem violência. É um não violento".[2]

Os mansos possuirão a terra. Significa que o êxito da história segue uma lógica diferente. A terra, na Bíblia, é símbolo de prosperidade, riqueza e bênção por parte de Deus. Manso é quem entende que a verdadeira terra, ou seja, a verdadeira riqueza, é ter o coração em paz e em comunhão com Deus e com os demais.

Curiosamente, essa é a única característica do sermão das bem-aventuranças com a qual Jesus expressamente se identifica: "Aprendei de mim, que sou manso e humilde de coração" (Mt 11,29). Ao adentrar nesse rio, nadando ou de barco, podemos experimentar que a "mansidão é uma maneira de ser e viver que nos assemelha a Jesus e nos faz estar unidos entre nós; faz com que deixemos de lado tudo o que nos divide e contrapõe, a fim de procurar formas sempre novas para avançar no caminho da unidade".[3]

---

[1] VV.AA. *A mensagem das bem-aventuranças*. São Paulo: Edições Paulinas, 1986. p. 61.

[2] Ibid., p. 63.

[3] PAPA FRANCISCO. Homilia em 1º de novembro de 2016. Disponível em: <encr.pw/D6oam>. Acesso em: 1º set. 2024.

O rio da mansidão

> Bem-vindo a Jericó.

O nome dessa linda e antiga cidade deriva do deus Lua. É uma cidade rica e bem famosa na Bíblia, cheia de vegetação, que fica perto do mar Morto, a quase 240 m abaixo do nível do mar Mediterrâneo e mais ou menos a 27 km de Jerusalém. Localizada numa região montanhosa, com paisagens e clima desértico, com dias muito quentes e noite frias. Um lugar cercado por um belo e fértil oásis, formado por um sistema de nascentes que dão vida ao rio Jordão. É um importante centro de produção de alimentos, especialmente de frutas e legumes, e também um relevante centro comercial e religioso.

Visitar Jericó significa fazer a experiência de que a prosperidade, o "perfume" da vida, é fruto da possibilidade de descer nas profundezas do coração, "abaixo do nível do mar", para aí encontrar as motivações mais profundas das nossas ações e as raízes mais verdadeiras dos nossos sonhos e anseios. Quando estamos ancorados em Deus, não temos motivos para erguer muralhas contra o inimigo, não precisamos defender-nos, porque Deus é nossa defesa.

Em Jericó, Jesus encontrou Zaqueu e Bartimeu, amigos que agora vão acolher-nos... (cf. Mc 10,46-52; Lc 19,1-10).

Um cego atrevido que nos desafia

Há um texto, bem conhecido da animação vocacional, que nos fala de Bartimeu (Mc 10,46-52), um cego e mendigo, sentado na beira do caminho onde Jesus passava. Ele representa todos os despossuídos da vida, aqueles que não têm voz. A narrativa do encontro com Jesus nos mostra, porém, uma pessoa capaz de lutar por aquilo em que acredita, que tem muita clareza daquilo

Nas trilhas da vocação

que deseja e que ousa gritar para ser ouvido por aquele que pode ajudá-lo a cumprir o seu desejo e mudar a sua vida.

Bartimeu alcança o que quer só pela sua coragem e pela força do seu desejo. Ele nos testemunha hoje que *a mansidão é uma fortaleza diferente. Uma atitude que não se alimenta da violência, mas sim da confiança.*

Na narração do Evangelho, vamos observar também os discípulos/apóstolos. Eles nos interpelam em nosso papel de acompanhantes e animadores vocacionais.

Os discípulos estão entre a "multidão que acompanha Jesus" e, no caminho, são confrontados com uma pessoa que perturba, clama por ajuda e deseja encontrar o Mestre, entrar em relação com ele. Esse perturbador da ordem, ao contrário dos discípulos, nunca escutou a voz do Mestre ou pôde vê-lo, mas sabe quem ele é... o Filho de Davi... como isso é possível?

Nessa cena, é possível entrever como esse fato é difícil de ser aceito pelos discípulos, pois mandam Bartimeu ficar calado e quieto. É como se dissessem: "Este homem não se enquadra, deve parar de incomodar o Mestre e de nos desafiar com sua presença e ousadia em quebrar o protocolo, os métodos e os esquemas preestabelecidos".

Jesus entra em cena e envia aqueles que tinham mandado Bartimeu calar-se a chamá-lo para fazer parte, ser incluído na roda. É a partir desse encontro/relação com Jesus, que o evangelista deixa reservado à intimidade sacramental desse processo de conversão, que eles conseguem reagir de forma reflexiva, aberta, includente. A experiência de Bartimeu desmascara nossas vulnerabilidades e a nossa rigidez, iluminando os processos pessoais de discernimento que incidem nos processos de acompanhamento que desenvolvemos. Mostra-nos que a mansidão é a serenidade de quem mantém o foco. Bartimeu estava profundamente conectado com o que aconteceria a seu redor.

Ser manso é manter-se atento ao mais importante, que se dá dentro e fora de nós. É persistir; é saber o momento de gritar. Reconhecer que há momentos cruciais e outros banais. Os mansos dão o devido valor a cada momento. Sabem tomar iniciativa e se deixar guiar.

O jardim da justiça

"Bem-aventurados os que têm fome e sede de justiça,
porque esses serão saciados."
(Mt 5,6)

Um passo a mais precisa ser dado na trilha das vocações. No caminho vocacional, Deus nos chama a ter fome e sede, duas sensações bastante familiares para todos nós e que remetem a algo que falta e é necessário.

A fome e a sede remetem à vida, pois sem comer e beber se morre. Por isso, nessa altura da caminhada nos encontramos num jardim cheio de árvores frutíferas e de fontes de água jorrando. Parece mesmo o cenário do Sl 22/23: "O Senhor é o meu pastor: não sinto falta de nada". Diante dessa fartura, deveríamos ser levados a sentar e a nos reabastecer. Mas não podemos olhar somente para o nosso conforto, pois somos chamados a despertar a nossa fome e sede de justiça. A abundância que se depara diante dos nossos olhos é para todos. Na Bíblia, o termo justiça se refere também ao cumprimento do plano de Deus, que é um projeto de vida digna e em abundância para todos (cf. Jo 10,10). Felizes os que anseiam por uma sociedade justa, na qual todos sejam reconhecidos como portadores dos mesmos

Nas trilhas da vocação

direitos. Felizes os que acreditam e se esforçam para que a dignidade seja cada vez mais apanágio de toda pessoa humana e para que os bens criados por Deus sejam compartilhados por todos, especialmente pelos que se encontram mais fragilizados e sem recursos.

Afinal, esse jardim nos lembra do Éden, lugar da plenitude e da abundância, onde existe total comunhão de cada ser humano com Deus, com a Criação e entre irmãos e irmãs.

Esse é o lugar da justiça de Deus, ou seja, o lugar que corresponde a seu projeto e desejo em prol da humanidade.

Somos chamados a ter fome e sede desse "paraíso" e a usar as nossas forças e energias para que ele se realize aqui e agora, cada um de nós dentro da vocação que Deus nos propõe.

Ter fome e sede de justiça significa cooperar com todas as forças para que o Reino de Deus se espalhe em toda a terra e o amor do Pai seja conhecido e encontre lugar nos corações.

> *Promessa de Jesus:* "Serão saciados". "O trabalhador é digno de seu salário" (Lc 10,7). "Dai-lhes vós mesmos de comer!" (cf. Lc 9,13; Mt 14,16; Mc 6,37).

Jesus pegou os cinco pães e os dois peixes, ergueu os olhos para o céu, pronunciou a bênção, partiu os pães e os peixes e ia dando aos discípulos, para que os distribuíssem ao povo sentado na grama verde. Todos comeram e ficaram satisfeitos (cf. Mc 6,41-42). Essa cena evangélica é uma trilha dentro da trilha: Jesus cumpre sua promessa e nos mostra que trabalhar para o Reino e cultivar a dimensão da partilha levam à saciedade e transformam um "lugar deserto" numa área de "grama verde" (num jardim!). Ainda uma vez, o estilo do Mestre se choca com nossos critérios, mas segui-lo nos leva a experimentar uma sociedade que não passa, pois não tem a ver somente com a fome de pão, mas com os nossos anseios mais profundos e verdadeiros.

O jardim da justiça

Na região de Tiro... saciados pelas migalhas

Esse horizonte de plenitude, gratuidade e comunhão é tão vasto, que até as migalhas são suficientes para saciar. Nesse contexto, temos o testemunho de uma mulher estrangeira, não judia, uma mãe que vem ao nosso encontro, assim como no Evangelho foi ao encontro de Jesus:

> Tendo-se levantado dali, [Jesus] dirigiu-se para os territórios de Tiro. Tendo entrado em uma casa, não queria que ninguém o soubesse, mas não conseguiu ficar oculto. Logo uma mulher, cuja filhinha tinha um espírito impuro, tendo ouvido a respeito dele, entrou e prostrou-se aos pés dele. A mulher era grega, siro-fenícia de nascimento, e pedia-lhe que expulsasse o demônio de sua filha. Mas Jesus lhe dizia: "Deixa primeiro que estejam saciados os filhos, pois não é bom tomar o pão dos filhos e jogá-lo aos cachorrinhos!" Ela, porém, respondeu-lhe: "Senhor, também os cachorrinhos, embaixo da mesa, comem das migalhas das criancinhas". Ele lhe disse: "Por esta palavra, vai! O demônio saiu de tua filha". Tendo ido para sua casa, ela encontrou a criança atirada sobre o leito. E o demônio tinha saído (Mc 7,24-30).

Estamos na região de Tiro, antiga cidade/estado dos fenícios, que hoje pertence ao Líbano. O nome significa "rocha". Existiam duas partes: o centro comercial, localizado em uma ilha, e a "antiga Tiro", a cerca de 800 m no continente. Sua fama era ligada especialmente à produção de madeira e de púrpura, um corante roxo, obtido de algumas espécies de molusco, muito precioso e procurado para as vestimentas de reis e sacerdotes. Na época de Jesus, Tiro estava sob a dominação romana e fazia parte da jurisdição de Herodes. Seus habitantes eram inimigos dos judeus, por isso era um lugar perigoso. Jesus, ao passar por lá, desejava ficar oculto. Infelizmente, também hoje o diferente nos assusta e nos afasta.

Mas... voltemos à mulher sem nome. Nessa região, cuja fama remete a ricos e gente importante que se vestia de púrpura (cf. Lc 16,19), ela não tinha nenhum direito de ir até Jesus: era duplamente impura, por ser estrangeira e mulher. Mas ela sabia e sentia que, aos olhos de Deus, essa discriminação era injusta. Por sua vez, Jesus tinha acabado de dizer aos fariseus e aos doutores da Lei que o que torna impura uma pessoa é o que sai de dentro dela (cf. Mc 7,1-23); mas a filha dessa mulher sírio-fenícia foi curada.

A partir do texto de Marcos, é possível perceber que Jesus (representando o povo judeu), provocado pela fé e pelo amor materno dessa mulher, é capaz de mudar seu olhar e reconhecer, "por causa do que a mulher disse" (cf. Mc 7,28), que o "pão" que ele representa e oferece é para todos, independentemente da pertença ao povo de Israel. Essa mulher rompe os padrões patriarcais e religiosos, ensinando-nos que qualquer pessoa é digna do amor de Deus e que ele está presente e ao lado daqueles que acreditam e têm fome, até das "migalhas que as crianças deixam cair" (Mc 7,28).

Pela ação dessa mulher, vemos como Deus é presente em nossa história e nos incentiva a não nos calarmos diante da injustiça. A mulher tinha em seu coração o desejo de vida, em sua vocação de filha e de mãe o desejo de justiça, e a certeza de que Deus não é indiferente ao sofrimento de nenhum dos seus filhos e filhas. Nessa mulher, vemos que toda vocação, de uma forma ou de outra, é marcada pela "fome e sede de justiça". O processo de discernimento alimenta uma teimosia que persiste de todas as formas possíveis até que os pequeninos sejam saciados. Essa coragem e determinação em questionar para receber aquilo de

O jardim da justiça

que se tem necessidade ecoam a bem-aventurança proferida por Jesus: "Bem-aventurados os que têm fome e sede de justiça, porque esses serão saciados" (Mt 5,6). Que sejamos também nós portadores da presença de Deus, clamando por justiça diante das discriminações, negando a marginalização e escolhendo a vida plena e solidária.

A ponte da misericórdia

"Bem-aventurados os misericordiosos,
porque esses serão tratados com misericórdia."
(Mt 5,7)

Para sairmos do jardim da justiça, precisamos atravessar uma ponte de corda. É um pouco instável, mas não é comprida. Não há outro caminho, pois abaixo existe um penhasco. Para chegar do outro lado, precisamos dar passos firmes, sem desequilibrar, prestando atenção para pisar nas tábuas do jeito certo e tendo fixo o olhar no destino final. É a ponte da misericórdia. Quando pesquisamos o significado da palavra misericórdia, debruçamo-nos sobre uma explicação profundamente bonita: o termo tem origem latina e é formado pela junção (uma ponte!) de duas palavras: *miserere* (ter compaixão) e *cordis* (coração). Ter compaixão do coração, ou seja, sentir aquilo que a outra pessoa sente, aproximar nosso coração do coração da outra pessoa. Sentir a vida dos outros com paixão. Ter coração com os outros.

A misericórdia é uma ponte, frágil e forte ao mesmo tempo, rumo ao coração. É uma experiência que nos faz sentir a vertigem de ficar "sem chão" para aventurar-nos num terreno desafiador: o terreno sagrado dos sentimentos, das diferenças,

Nas trilhas da vocação

das contradições, da confiança. Uma empreitada que todos nós precisamos enfrentar, primeiramente, rumo ao nosso próprio coração e, consequentemente, rumo ao coração do outro.

> Misericórdia: sincronia dos corações.

Nos passos do nosso caminho vocacional, pessoal e coletivo, somos chamadas e chamados cotidianamente à misericórdia, a ter um coração misericordioso, capaz de sensibilizar-se com as dores dos irmãos e irmãs. Um coração capaz de existir no mundo com profunda paixão.

Já em hebraico, a palavra "misericórdia" – *rahamim* – significa ter entranhas como uma mãe. Esse significado de ter entranhas é especialmente potente, porque compreendemos que a misericórdia não tem apenas a ver com se sensibilizar com as dores dos outros, mas sim com tomá-las para nós, deixar que também nos doam, que aquilo que fere a dignidade das pessoas também nos fira e, por isso, nos coloque em movimento, provoque-nos para a ação. A misericórdia não é uma dimensão apenas sentimental, mas, sobretudo, uma ação. Pôr-se em movimento, transformar realidades. E esse é um dos ensinamentos mais bonitos das bem-aventuranças: ponham o coração de vocês próximo ao coração dos outros. Movimentem-se guiados pelas suas entranhas, sintam paixão pela vida dos irmãos e irmãs, comovam-se diante das realidades dos outros. E, comovendo-se, movam-se!

> *Promessa de Jesus:* "Os misericordiosos encontrarão misericórdia".

A forma como Jesus nos interpela à misericórdia é muito bonita. Se Jesus é a misericórdia de Deus encarnada, podemos pensar nas entranhas, no coração de Deus pulsando por nós. Deus coloca seu coração próximo ao nosso em toda a nossa história, guiando-nos à misericórdia como ação, como responsabilidade cristã e como conduta amorosa.

Voltar ao coração, às entranhas, é um movimento necessário a cada cristã e cristão, é um chamado de Deus a cada uma e a cada um de nós durante nosso caminho nesta terra. É um chamado a nos conectarmos com nossa essência, com nosso primeiro encontro pessoal com ele, onde fomos abraçados e tomados por sua misericórdia. É um chamado a irmos contra o atual contexto sociopolítico, que tem uma face desumanizadora, que nos embrutece e nos quer indiferentes e individualistas. Contexto esse que nos conduz a naturalizar o sofrimento humano e a tornar os nossos olhos acostumados com as contradições e com as dores do mundo.

Ter compaixão, sentir com o coração, voltar às entranhas é um chamado à conversão diária, em que buscamos a todo tempo ter ações, palavras, sentimentos e atitudes misericordiosas. Se fizermos isso, estaremos em comunhão com o Espírito Santo misericordioso que sopra sobre nossas vidas e em sintonia com o coração misericordioso de Deus, pelo qual somos amados e amadas.

O teólogo Jon Sobrino formulou a expressão "princípio-misericórdia", porque foi a misericórdia que moveu toda a ação de Deus no Primeiro Testamento e a de Jesus no Segundo Testamento.

A imagem de Deus misericordioso atravessa toda a história de seu povo, e a imagem de Jesus misericordioso perpassa todo o Evangelho e também toda a nossa vida.

Visitando Cafarnaum

Para nos deixarmos enredar pela misericórdia como ação e ética amorosa, conscientes de nossa condição de "povo de Deus a caminho", convidamos você a caminhar um pouco mais nessa trilha e a dar passos rumo a Cafarnaum. Esse lugar bíblico-histórico-teológico, onde Jesus escolheu morar e realizou muitos de seus milagres e onde ensinava na sinagoga com autoridade (Mc 1,21-22). Ali, ele proferiu o sermão sobre o pão da vida (Jo 6,35), expulsou espíritos impuros (Mc 1,23-26) e curou muitas pessoas, como a sogra de Pedro (Mc 1,29-31). Cafarnaum, localizada na margem norte do mar da Galileia, foi um importante e próspero centro de pesca e comércio, onde moravam tanto gentios quanto judeus. Era uma importante estação de alfândega e tinha uma guarnição de tropas romanas.

O nome Cafarnaum significa "aldeia de Nahum", um nome próprio que, para alguns estudiosos, remete também à compaixão e/ou à consolação. Assim, Cafarnaum também pode significar "vila de compaixão".

Visitar Cafarnaum significa compartilhar o cotidiano de Jesus e descobrir junto com ele que o nosso cotidiano também abrange infinitas possibilidades de encontrar misericórdia e oferecê-la, de treinar o nosso coração para "bater" em sincronia com o coração das pessoas que encontramos e com o coração do Pai.

Misericórdia: um chamado para a comunidade

A nossa estadia em Cafarnaum agora nos quer interpelar a contemplar a cena de Jesus curando o paralítico (Mc 2,1-12). Essa passagem marcante e emblemática mostra um paralítico sendo carregado por quatro homens até o lugar onde Jesus estava. Ao chegarem lá, não conseguiam encontrar Jesus por causa da multidão. Então, em um gesto de muita coragem e persistência, decidem fazer um buraco no teto, bem em cima de onde Jesus se encontrava, e, pela abertura do teto, descem a cama onde o paralítico estava deitado. Isso chama a atenção de Jesus, não só pela cena em si, obviamente, mas também pela coragem, pelo empenho de fazer com que o paralítico chegasse até ele, levando-o, assim, a curá-lo.

A ponte da misericórdia

Observando essa cena, vislumbramos não só a misericórdia de Jesus no ato da cura, mas também a misericórdia dos quatro homens, provavelmente amigos ou familiares, que se deixaram tocar pelas dores do paralítico. Por terem seus corações próximos ao coração dele, dedicaram-se, incansavelmente, a encontrar a cura e a esperança. Eles tiveram coração um para com o outro.

Também podemos vislumbrar, para além da misericórdia de Jesus e dos quatro homens, a misericórdia de pessoas que provavelmente ajudaram os homens a subirem e a descerem a cama do paralítico pelo teto.

Essa cena nos ensina que a misericórdia é pessoal, mas também coletiva. É uma dádiva da comunidade, que pode ser alcançada e vivida comunitariamente, quando permitimos que nosso coração se compadeça das fragilidades e necessidades de nossos irmãos e irmãs. Esse é um movimento que nos humaniza e que resgata a saúde e a dignidade das pessoas. Em Cafarnaum, a misericórdia é um ato coletivo, um envolvimento em ações que geram vida. No processo de discernimento vocacional, somos convidados a nos colocar no lugar dos "amigos do paralítico", pessoas dispostas a fazer escolhas e a tomar iniciativas que geram vida na vida dos outros.

Que, cheios de misericórdia, possamos ser para os outros pessoas que têm coragem e disposição para atravessar multidões e romper fronteiras, abrindo caminhos em busca de esperança para as irmãs e os irmãos.

As cenas de Cafarnaum, do milagre da cura do paralítico, devem ser, para nós, no nosso caminho vocacional, uma convocatória a vivermos na prática a bem-aventurança da misericórdia: misericórdia, ação, responsabilidade, ética amorosa e coragem de agir com o coração.

O mirante da pureza de coração

> "Bem-aventurados os puros de coração,
> porque esses verão a Deus."
> (Mt 5,8)

Chegando ao mirante...

Como é fácil, diante de um belo panorama, se deixar levar pela intensidade da experiência, pela alegria de ter chegado até lá, pela impaciência de tirar logo uma foto para ter um registro a ser partilhado nas redes. Mas uma placa bem grande na entrada do mirante nos avisa: "Só se vê bem com o coração, o essencial é invisível aos olhos" (A. Saint-Exupéry).

Esse é um convite a bem escolher o ponto de vista e o foco do nosso olhar. As coisas preciosas e importantes só podem ser percebidas a partir do nosso interior. Na linguagem bíblica, "coração" é uma palavra que remete ao centro mais profundo do ser humano. Compreender a própria vocação significa mergulhar nas profundezas do nosso ser e ali escutar os movimentos dos

Nas trilhas da vocação

nossos desejos e anseios, daquilo que faz vibrar as cordas mais íntimas e verdadeiras. "O sentido de nossa vida não é outro que a busca deste lugar do coração" (Olivier Clément). Um lugar onde tudo faz sentido, onde tudo é íntegro e puro. Aos fariseus que pretendiam alcançar a pureza com rituais externos, como o de lavar as mãos antes de comer, Jesus dizia que a pureza é algo interior, que se refere aos pensamentos e sentimentos (cf. Mt 15,17-20).[1] Na nossa interioridade, encontra-se o "cofre" onde está guardado o que é mais nobre e precioso em nós. Nesse "cofre", poderemos ver a Deus e o nosso próprio rosto mais bonito, por sermos imagem dele.

Treinando o foco

Um dos significados da palavra "puro" é o de ser sem mistura; algo puro é algo não adulterado pela presença de elementos estranhos. Por exemplo, o ouro é puro quando é composto exclusivamente por ouro. Outro significado dessa palavra refere-se a algo que é límpido, transparente.

Um coração puro, então, advém de um ser humano capaz de exclusividade, integridade e transparência. Uma pessoa em processo, mas livre diante de tantos autoenganos que marcam as pessoas e as relações sociais.

Somos dispersos, atraídos por muitas coisas exteriores. Muitos acontecimentos, muitas provocações e influências capturam

---

[1] "Não sabeis que tudo o que entra pela boca passa pelo estômago e depois é expulso na fossa? Mas o que sai da boca procede do coração, e isso torna impuro o homem. Com efeito, do coração procedem pensamentos malvados, homicídios, adultérios, depravações, roubos, testemunhos falsos, blasfêmias. Tudo isso é o que realmente torna impuro o homem; mas comer sem lavar as mãos não torna impuro o homem" (Mt 15,17-20).

O mirante da pureza de coração

a nossa atenção e tomam conta dos nossos pensamentos e da maior parte de nosso tempo.

Além disso, bem sabemos que olhar para dentro nem sempre é tarefa simples ou confortável. Todos temos que lidar com a nossa história e com as mágoas que ela traz. Isso pode causar certo desconforto, e normalmente é mais fácil não pensar e entreter-se com algo externo.

Um coração puro provém de um ser humano transparente, sobretudo consigo mesmo. Alguém capaz de juntar todas as peças da própria história, colocá-las cada uma no seu lugar e olhá-las com ternura e paciência. Assim como Deus as olha.

Um coração é puro quando se revela disponível a compreender que nem tudo é perfeito, nem tudo é desejável, mas tudo é acompanhado por Deus, pela sua mão providente que conduz ao bem e de tudo traz o bem. Esse é o desejo que anima São Paulo a rezar para que Deus ilumine os olhos dos corações dos cristãos de Éfeso, a fim de que conheçam qual é a esperança à qual são chamados.

> [...] para que o Deus de nosso Senhor Jesus Cristo, o Pai da glória, vos dê um espírito de sabedoria e de revelação no conhecimento dele. Os olhos de vosso coração foram iluminados para que saibais qual é a esperança de sua vocação, qual a riqueza da glória de sua herança entre os santos (Ef 1,17-18).

Nesse mirante, não encontraremos uma fonte para limpar as mãos e enxaguar o rosto. Nada disso! Ao contrário, somos esperados e acolhidos do jeito que somos, com o cansaço e o suor da nossa viagem, e convidados a sentar, respirar e deixar que a batida do coração nos leve para casa.

Promessa de Jesus: "Verão a Deus".

Nesse itinerário rumo ao discernimento da vocação pessoal, Jesus nos chama a ser puros de coração, pois assim poderemos *ver a Deus*. Este chamado é para hoje, esta promessa é para hoje. *Ver a Deus* é um anseio profundo de cada pessoa, mesmo que muitas vezes não seja explicitado nesses termos. Jesus nos diz que é possível ver a Deus: não depois da morte, não no paraíso, não com os olhos do corpo. Na proposta de Jesus, *ver a Deus* é possível hoje, agora, experimentando sua presença viva que preenche de vida a nossa vida e, por isso, orienta a fazer escolhas de VIDA!

Nessa bem-aventurança, reside um elemento fundamental da fé cristã, que é acolher Deus como alteridade. Sem um coração puro, podemos fervorosamente nos relacionar com uma projeção. No itinerário vocacional e em toda a caminhada de discípulos de Jesus, somos desafiados a ultrapassar um olhar turvo, que vê projeções de suas frustrações e desejos. Deus sempre nos desafia.

Quem é puro de coração pode atingir e sentir a realidade de Deus: "Deus não está longe de cada um de nós, pois nele vivemos, nos movemos e existimos" (cf. At 17,27-28). Em sua fala aos atenienses, São Paulo explica que o Deus de Jesus é um Deus que não é distante. Ele já está conosco no aqui e agora da nossa existência: estamos mergulhados em Deus, porém sua presença muitas vezes passa despercebida. Por isso, precisamos de vez em quando parar, respirar, desacelerar o ritmo da nossa rotina e a pressão das nossas urgências e expectativas.

Olhando para Nazaré

Olhando para o panorama, logo em destaque está o vilarejo de Nazaré, uma pequena cidade a cerca 157 km ao norte de Jerusalém, próxima da divisa entre a Síria e o Líbano.

Não parece um lugar de grande importância ou riqueza: poucas casas, simples e brancas, que não diferem muito umas das outras. Mas algo chama a atenção. Nazaré é o lugar das origens, da casa, da família. O lugar onde Jesus foi criado e viveu por muito tempo, onde aprendeu a ser a pessoa que foi. Para nós, ao longo da nossa caminhada, olhar para Nazaré significa voltar para casa, restabelecer o contato com as nossas raízes, com aquelas pessoas, ambientes, experiências que nos fizeram e nos fazem ser até hoje a pessoa que somos.

"De Nazaré pode provir algo bom?" (Jo 1,46), assim perguntou Natanael ao ouvir falar de Jesus. De fato, Nazaré é um lugar de periferia, longe de Jerusalém, centro político e religioso. É um lugar simples, sem muita fama. Inclusive sem muita fama boa. Às vezes, essa mesma pergunta de Natanael brota em nós quando paramos para olhar para nós mesmos e para nossa "Nazaré", ou seja, as nossas origens. Será que de mim pode sair alguma coisa boa? Não é fácil acreditar que somos preciosos aos olhos de Deus exatamente como somos, amados e chamados com o tecido da nossa história tal como ela é. Muitas vezes, pensamos que Deus conta apenas com a nossa parte forte e capaz, "quando, na verdade, a maior parte dos seus desígnios se cumpre através e apesar da nossa fraqueza".[2] Vocação é acreditar que, de fato, somos capazes e responsáveis por oferecer a nossa contribuição à sociedade e ao Reino, a partir de nós mesmos.

Retomando o caminho

Nazaré é abrigo para romeiros. Pousada de passagem para pôr-se novamente a caminho. Ver a Deus, contemplar as pegadas

---

[2] PAPA FRANCISCO. Carta apostólica *Patris Corde*, n. 2. Disponível em: <encurtador.com.br/jcPSX>. Acesso em: 1º set. 2024.

Nas trilhas da vocação

do seu amor na nossa vida, reconhecer o seu traço no "rosto" do nosso coração, não é o destino da nossa viagem, porém, é uma etapa preciosa. É uma parada para refazer as forças, realinhar os pensamentos, sentimentos, anseios, e renovar o nosso compromisso com a construção do Reino. Interioridade não é fechar-se em si mesmo, mas abrir-se e sair de si mesmo. A partir do centro do nosso coração, somos chamados a nos abrir ao coração da realidade. Assim fizeram e fazem muitos santos e santas.

Na companhia de José, o carpinteiro

Saindo de Nazaré, encontramos um homem de idade, com um olhar terno que transmite serenidade e sabedoria. É José, o carpinteiro, esposo de Maria e pai de Jesus.

Ele começa contando sua história, feita de entusiasmo juvenil, de paixão, de um projeto de família junto com sua noiva Maria. De repente, acontece algo inesperado, mostrando que Deus quer cumprir esse mesmo projeto de família, mas de uma forma diferente. Deus apareceu na vida de José como aquele que o chama a ir além, que não é uma mera projeção dos seus sonhos e medos.

Vocação é quando você se dá conta de que Deus sonha junto com você e que o sonho é o mesmo. Por isso, pode deixar a ele o timão para compreender a direção certa. Nesse processo, o jovem vocacionado descobre que os sonhos de Deus ultrapassam os seus, porque abarcam a muitos. Reconhece, como José, que seu humilde sim pode tocar a vida de pessoas que ele nem imagina.

A Bíblia relata que com José isso aconteceu três vezes, ou seja, sempre, pois três é o número que no simbolismo hebraico indica a totalidade (Mt 1,20-21; 2,13-14.19).

José nos oferece três palavras-chaves para que a experiência dele se torne também a nossa, permitindo que possamos continuar a nossa viagem sabendo que pureza de coração é a consciência de pertencer a Deus e a livre decisão de querer ser sua *imagem* no mundo.

> **Abertura.**

> Mas, enquanto ele refletia sobre isso, um anjo do Senhor apareceu-lhe em sonho e disse: "José, filho de Davi, não temas receber Maria, tua mulher, pois o que nela foi gerado é do Espírito Santo" (Mt 1,20-21).

Um coração puro não se detém na superfície das coisas, mas se abre para captar a essência. José é um israelita e um homem justo que, como muitos homens da sua época, colocava em primeiro lugar a observância da Lei, como sinal de obediência a Deus. Mesmo assim, não se fechou na rigidez das prescrições; ele foi capaz de colocar Maria em primeiro lugar, respeitando-a, confiando nela e amando-a. Tudo isso permitiu que escutasse e acreditasse na voz de Deus, que no íntimo da sua consciência lhe sugeriu um caminho diferente daquele que a Lei indicava.[3]

> **Coragem.**

> Assim que eles partiram, um anjo do Senhor apareceu em sonho a José e disse: "Levante-se, pega o menino e sua mãe, e foge para o Egito! Fica lá até que eu te avise, pois Herodes vai buscar o me-

---

[3] "A nobreza do seu coração fá-lo subordinar à caridade aquilo que aprendera com a lei; e hoje, neste mundo onde é patente a violência psicológica, verbal e física contra a mulher, José apresenta-se como figura de homem respeitoso, delicado, que, mesmo não dispondo de todas as informações, se decide pela honra, dignidade e vida de Maria. E, na sua dúvida sobre o melhor a fazer, Deus ajudou-o a escolher iluminando o seu discernimento." *Patris Corde*, n. 4. Disponível em: <encurtador.com.br/jcPSX>. Acesso em: 1º set. 2024.

Nas trilhas da vocação

nino para eliminá-lo!" Tendo-se levantado, José pegou de noite o menino e sua mãe, e partiu para o Egito (Mt 2,13-14).

Um coração puro tem a coragem de encarar a vida da forma como ela acontece, pois sua ancoragem está em Deus. De acordo com a narrativa de Mateus, José, que se levanta no meio da noite e enfrenta uma fuga perigosa, nos mostra que precisamos de muita coragem para permitir que Deus conduza a nossa jornada. Essa coragem não é ausência de perguntas, reticências ou dúvidas. Conforme apontou Santa Edith Stein: "Coragem é ir mesmo com medo". Diante dos desafios que a vida nos apresenta, somos chamados a ter coragem de agir, procurar, inventar, encontrar soluções, sabendo que Deus caminha ao nosso lado e nunca nos deixa sozinhos.

Entrega.

Depois que Herodes morreu, um anjo do Senhor apareceu em sonho a José no Egito e disse: "Levanta-te, pega o menino e sua mãe, e vai para a terra de Israel, pois aqueles que procuravam tirar a vida do menino já morreram!" Ele se levantou, pegou o menino e a mãe deste, e entrou na terra de Israel. Mas, quando soube que Arquelau reinava na Judeia no lugar de seu pai, Herodes, teve medo de ir para lá. Advertido em sonho, partiu para a região da Galileia e foi morar em uma cidade chamada Nazaré. Assim cumpriu-se o que fora dito por meio dos profetas, que seria chamado "nazoreu" (Mt 2,19-23).

Depois de um período no Egito, os planos mudam novamente: uma nova viagem, um novo começo, novos desafios. José é chamado a voltar para casa, mas com certeza nada será como antes. Vocação não é *chamado*, e sim *chamamento* que envolve a vida toda, momento após momento. Um coração puro é um coração disponível a se deixar desinstalar, a ser vulnerável e desapegado, pois tem como bússola a presença de Deus no íntimo da consciência: "A felicidade de José não se situa na lógica do sacrifício de si mesmo, mas na lógica do dom de si mesmo. Naquele homem, nunca se nota frustração, mas apenas confiança. O seu silêncio persistente não inclui lamentações, mas sempre gestos concretos de confiança. ... Toda verdadeira vocação nasce do dom de si mesmo, que é a maturação do simples sacrifício. Mesmo no sacerdócio e na vida consagrada, requer-se esse gênero de maturidade. Quando uma vocação matrimonial, celibatária ou virginal não chega à maturação do dom de si mesmo, detendo-se apenas na lógica do sacrifício, então, em vez de significar a beleza e a alegria do amor, corre o risco de exprimir infelicidade, tristeza e frustração".[4]

---

[4] *Patris Corde*, n. 7. Disponível em: <encurtador.com.br/jcPSX>. Acesso em: 1º set. 2024.

A lagoa da paz

"Bem-aventurados os que trabalham pela paz,
porque serão chamados filhos de Deus."
(Mt 5,9)

Chegamos em mais uma parada importante de nossa trilha das vocações, e a nossa jornada nos leva agora à beira de um lago cujas águas são verdes, a cor da esperança, e parecem bem saudáveis. O vento sopra leve. Depois de todo o caminho percorrido, é muito bom aproveitar este lugar tão aerado e agradável. Algumas pessoas sentadas perto da água chamam a nossa atenção: elas pegam pedras de suas mochilas e as jogam, formando sobre a superfície da água uma onda circular que se propaga e se alarga...

Observando as ondas, ressoa a bem-aventurança dos promotores de paz: "Bem-aventurados os que trabalham pela paz, porque serão chamados filhos de Deus". Promover a paz é algo parecido com isso, ou seja, é criar ondas de paz e harmonia que se estendem do pequeno ao grande, do interno ao externo.

Promover a paz é algo muito importante no contexto atual, em que muitos países ainda enfrentam guerras e violências. Em uma

Nas trilhas da vocação

sociedade onde prevalece a competição, a intolerância, o individualismo, que são formas de violência também, promover a paz significa se dar conta de que todos nós temos pedras nas nossas mochilas, ou seja, motivos para "atacar" o outro, reclamar e defender o que é "meu"! Mas as nossas pedras, no lugar de serem "armas" de ataque, podem se tornar geradoras de "ondas" de paz. Como Gandhi dizia: "Não há caminho para a paz; a paz é o caminho".

Na Bíblia, a palavra "paz" traduz *Shalom*, termo que tem um significado bem amplo, difícil de ser exprimido em uma palavra só. *Shalom*, para os judeus, é sinal de aliança com Deus, uma dádiva que indica paz, harmonia, saúde, serenidade, bem-estar e prosperidade. Tudo o que é necessário para viver bem. Somos chamados a cultivar tudo isso em nós e ao nosso redor.

Nas palavras do Papa Francisco, a paz não é apenas o silêncio das armas e a ausência de guerra; é um clima de benevolência, de confiança e de amor, que pode amadurecer numa sociedade fundada em relações de cuidado, em que o individualismo, a distração e a indiferença deem lugar à capacidade de prestar atenção ao outro, de escutar as suas necessidades básicas, de curar as suas feridas, de ser para ele um instrumento de compaixão e de cura. É esse o cuidado que Jesus tem com a humanidade, especialmente com os mais frágeis, e do qual o Evangelho nos fala muitas vezes. Do "cuidado" recíproco nasce uma sociedade inclusiva, baseada na paz e no diálogo.[1] No pensamento de Francisco, o horizonte da paz está em olhar para o outro e reconhecê-lo como um irmão. Esta é a amizade social: entender que o outro, principalmente o necessitado, é meu próximo.[2]

---

[1] Cf. Discurso aos estudantes da rede nacional das escolas de paz, 19 de abril de 2024.

[2] Cf. FT, n. 1, 87, 106, 110.

> *Promessa de Jesus:* "Serão chamados filhos de Deus". Os promotores da paz se assemelham a Deus, pois se assemelham a Cristo, que "é a nossa paz" (Ef 2,14). Ele nos oferece a possibilidade de uma Nova Aliança com Deus, pela qual somos realmente filhos e filhas dele (cf. 1Jo 3,1).

Toda a vida de Jesus nos mostra que a paz se constrói a partir do encontro, da acolhida, da misericórdia, do cuidado. O Papa Francisco nos fala que: "O verdadeiro *shalom* e o autêntico equilíbrio interior brotam da paz de Cristo, que vem da sua cruz e gera uma nova humanidade, encarnada numa infinita plêiade de santos e santas, inventivos e criativos, que conceberam formas sempre novas de amar. Os santos e as santas que edificam a paz. Esta vida de filhos de Deus, que pelo sangue de Cristo procuram e reencontram os seus irmãos, é a verdadeira felicidade. Bem-aventurados aqueles que seguem este caminho".[3]

Passando pela Samaria

Seguindo as "ondas" de paz, chegamos até a Samaria, uma região do Oriente Médio situada no alto de um monte entre a Judeia e a Galileia. A Bíblia nos testemunha que a relação entre judeus e samaritanos era de grande hostilidade devido, entre outros motivos, às diferenças culturais, religiosas e sociais.

Essa inimizade tem suas raízes nos anos 720 a.C., quando o rei da Assíria derrotou a Samaria, deportou os israelitas para a Assíria (2Rs 17,6) e trouxe pessoas da Babilônia e de outros países pagãos, estabelecendo-as nas cidades da Samaria, para desalojar os israelitas, de acordo com 2Rs 17,24. O casamento entre esses estrangeiros e os israelitas que haviam escapado do exílio contribuiu para as tensões entre samaritanos e israelitas.

---

[3] Catequese do Papa Francisco, 15 de abril de 2020. Disponível em: <acesse. dev/dXOxX>. Acesso em: 1º set. 2024.

Nas trilhas da vocação

Outros acontecimentos ao longo do tempo reforçaram esse clima pouco pacífico.

Diante da inimizade entre os judeus e os samaritanos, era comum que os judeus utilizassem rotas mais longas entre a Galileia e a Judeia para evitar passar pela Samaria.

Passar pela Samaria, hoje, significa considerar todos os motivos de "inimizade": contra nós mesmos, contra outras pessoas, contra situações, e avaliar quais passos de paz são possíveis. Sempre escutamos falar que a paz no mundo começa dentro de cada um de nós. Passar pela Samaria é ter a oportunidade de escolher: usar minhas pedras para gerar ondas de paz e de união, buscar o que conecta e não reforçar o que afasta e desune. É entender que próximos são todos aqueles que encontramos pelo caminho.

Jesus rompe barreiras em busca da paz

Passando pela Samaria, podemos vivenciar um encontro especial de Jesus com a mulher samaritana. Nesse encontro, Jesus rompe barreiras que são sinônimo de tensão, conflitos e separação.

Jesus estava viajando com seus discípulos da Judeia até a Galileia e, ao invés de evitar a Samaria, ele rompe a fronteira social, racial e religiosa e vai pelo caminho mais curto, caminho esse que liga as duas regiões. *A escolha do caminho é uma opção: buscar o que liga e não reforçar as coisas que separam os dois povos.*

Esgotado, Jesus sentou-se próximo ao poço, enquanto seus discípulos entraram na cidade para comprar alimentos. O poço é o mesmo onde Isaque se encontrou com Rebeca e onde Jacó reconheceu Raquel (cf. Gn 24,11; 29,10). Era a hora sexta (meio-dia), horário em que usualmente o lugar estava vazio devido ao calor.

> "Dá-me de beber!" (Jo 4,7).

Cansado do caminho, Jesus senta-se à beira do poço. Ele está fisicamente exausto, mas também cansado daquilo que gera separação entre os dois povos irmãos, e reconhece aquele lugar sagrado como símbolo de união. A sede é o que liga os dois povos. Uma mulher de Samaria chega para tirar água em um horário bastante atípico. E aqui podemos questionar-nos: O que leva essa mulher a ir buscar água na hora mais quente do dia? O que a faz ir ao poço num momento tão atípico?

Talvez esse fosse o único horário em que ela poderia ir e voltar "em paz", sem olhares de julgamento.

Jesus lhe disse: "Dá-me de beber!". Mas a mulher fica surpresa, porque os judeus não se dão com os samaritanos.

No diálogo que Jesus estabelece, ele quebra quatro princípios fundamentais da tradição. Uma dessas convicções é a de que um homem não dialoga com uma mulher publicamente, além disso, como foi dito anteriormente, os judeus não falam com os samaritanos. Outra transgressão se dá quando ele dialoga com uma mulher que teve cinco maridos e manifesta a ela sua debilidade, sua necessidade, sua sede.

Esse pedido de Jesus vai além de um simples pedido de água; é um apelo por proximidade, paz, reconhecimento de que, apesar das barreiras e diferenças, somos todos filhos e filhas de um Deus da paz.

> "Como tu, sendo judeu, pedes de beber a mim, que sou uma mulher samaritana?" (Jo 4,9).

A mulher, incrédula, ouve o pedido de Jesus assustada, pois nesse momento se rompe a barreira criada pela Lei. Observemos que o processo de aproximação gera surpresa e incômodo, pois,

Nas trilhas da vocação

para a mulher, sua condição perante os judeus precedia sua identidade, o que não dava espaço para relações sem violência.

Jesus quebra a ordem preestabelecida. Então, a ordem de violência dá lugar ao diálogo. O encontro com a Samaritana é a prática de seu ensinamento, pois ele quebra um ciclo de violência, reconhece a pessoa e transpõe a condição humana para além das barreiras.

Jesus reconhece que não há paz sem movimento, sem se abrir às diferenças; não há paz se não for procurada e se não for mudado o caminho preestabelecido. Nesse poço, com a Samaritana, Jesus nos ensina que a paz se dá pelo reconhecimento das fragilidades, da sede, e na quebra das fronteiras e muros que nos separam.

> "Se conhecesses o dom de Deus e quem é aquele que te diz: "Dá-me de beber!", tu lhe pedirias, e ele te daria água viva" (Jo 4,10).

A sede de Jesus vai além; ele quer que a Samaritana possa viver a plenitude de sua vida, saciando o interminável reservatório de sede. Sede de amor. Sede de verdade. Sede de reconhecimento. Sede de razões de viver. Sede de um refúgio. Sede de novas palavras e de novas formas. Sede de justiça. Sede de humanidade autêntica.

É com base nessa oferta que a Samaritana identifica Jesus como um profeta. Ela reconhece-o a partir de algo que deve ser a marca de todo vocacionado, de todo cristão e toda cristã: a capacidade de romper fronteiras que desumanizam, que violentam, bem como de construir relações pacíficas, respeitosas e de vida, mesmo diante dos conflitos. Jesus, em seus atos, resgata a humanidade ferida de seus interlocutores. Ele é a delicadeza de Deus para com os pequeninos.

Ao reconhecer Jesus como o Messias e beber da água da vida, a mulher sai da posição de quem estava sobre o julgo de diversas vivências, de estigmas e de preconceitos. Ela passa a ser alguém que quer anunciar que existe vida além das fronteiras, que existe uma água que sacia e nos faz tocar a humanidade, que é querida por Deus.

Como vocacionados e vocacionadas à vida, podemos perceber a sede dos irmãos e irmãs ao nosso redor, possivelmente escondida por trás das fronteiras estabelecidas por nós, pela nossa cultura ou religiosidade, e ir ao seu encontro?

O túnel da perseguição

"Bem-aventurados os perseguidos por causa da justiça,
porque deles é o Reino dos Céus."
(Mt 5,10)

Estamos no final do nosso itinerário pelas bem-aventuranças e, no lugar de uma planície ensolarada com um comitê de boas-vindas, bebidas e cadeiras de praia, Jesus nos espera para convidar-nos a entrar num túnel escuro e estreito: o da perseguição por causa da justiça. Ao longo da nossa jornada na trilha da vocação, descobrimos que o chamado de Deus é uma proposta de aliança para "marcharmos" juntos rumo à verdadeira felicidade. Essa "marcha" pede confiança e disponibilidade em renunciar aos nossos critérios e expectativas de comodidade e tranquilidade. Agora é o momento de renovar essa confiança e seguir a proposta de Jesus até o fim, até as últimas consequências.

Para Jesus, não é qualquer perseguição que garante ser e estar em comunhão com Deus. Ele fala expressamente da perseguição por causa da justiça. Na Bíblia, justiça é a conformidade à vontade de Deus. Ser justo é ter coragem de viver uma vida coerente com o Evangelho, de ir contracorrente, de fazer escolhas ou tomar posturas que não são fáceis nem espontâneas e que,

Nas trilhas da vocação

muitas vezes, não são aprovadas pelas outras pessoas. Tudo isso é perseguição: a perseguição da reprovação (às vezes, de pessoas que amamos muito), do desrespeito, da solidão, da dúvida, do desconforto e da luta interior. Ao longo desse caminho, o que protege é o "capacete" da liberdade de consciência. Liberdade é quando aprendemos a fazer escolhas à luz daquilo que para nós faz sentido e é importante, sem precisar da aprovação dos outros nem de seguir os modelos que a sociedade propõe/impõe. Somos realmente livres quando, à luz da Palavra de Deus e da nossa consciência, aprendemos a colocar nossos pés na trilha da justiça do Evangelho, que é o compromisso de viver em cada circunstância, e com qualquer pessoa, o mandamento do amor.

Por meio dessa bem-aventurança, somos chamados a pôr-nos a serviço da justiça, como instrumentos nas mãos de Deus, em prol dos irmãos e irmãs.

> Promessa de Jesus: "Deles é o Reino do Céu".

Na entrada do túnel, logo encontramos uma alfândega. Não há uma grande fila, pois só podem entrar os que são cidadãos do Reino de Deus.

Já falamos que Jesus, com as bem-aventuranças, faz promessas para hoje e não para o amanhã. No entanto, em sua fala, ele usa sempre o tempo futuro (serão, verão...), exceto quando menciona os pobres em espírito e os perseguidos por causa da justiça. Nesse caso, usa o tempo presente, afirmando inclusive a mesma realidade: "Deles é o Reino dos Céus". Os pobres em espírito e os perseguidos por causa da justiça são (não serão!) cidadãos do Reino.

Isso significa que "morar no Reino de Deus", ou seja, deixar a ele a primazia em tudo, é condição para ter força e coerência para enfrentar a perseguição. É a lógica do martírio, que não significa morte ou sofrimento físico, e sim, mais concretamente, indica a disponibilidade em ser coerente e "pagar o preço" da adesão a Cristo. Difícil? Sim! É como entrar em um túnel estreito ou no mar gelado: no início é penoso e, depois, a experiência se torna inesperada e arriscada.

A cidadania do Reino assim se torna credencial que leva à entrada no túnel da perseguição. Deixando de lado a metáfora, podemos dizer que até agora vimos como as bem-aventuranças podem ser lidas como itinerário vocacional. Todas elas são rotas a serem trilhadas para construir gradual e progressivamente a própria experiência pessoal de Deus e com Deus, e se deixar conduzir por ele nas escolhas mais importantes da vida.

Nas palavras de Jesus, porém, a pobreza de espírito e a disponibilidade em enfrentar perseguições são sinais de maturidade, sinais de que já foi feita a opção por Deus e seu Reino, e o restante é vivido buscando a orientação que vem dele, de sua Palavra, dos sacramentos.

Mas... até onde leva esse túnel?

Jerusalém: meta do caminho

> "Alegrei-me quando me disseram:
> 'Vamos à casa de Javé!'. Nossos passos já se detêm
> junto aos teus umbrais, Jerusalém!"
> (cf. Sl 122).

Na cultura judaica, Jerusalém é considerada a casa de Javé, pois é a cidade do Templo, lugar da presença de Deus (*Shekiná*). Centro da vida administrativa, política e religiosa, a cidade santa é uma meta de peregrinação e de culto. Jerusalém foi a meta de Jesus. Meta de anúncio, de tornar pública sua proposta, bem

Nas trilhas da vocação

como de realização e de consumação da sua vida, já sabendo que enfrentaria perseguição.

Em Jerusalém, Jesus cumpre sua vocação de Filho amado, "o primogênito entre muitos irmãos" (Rm 8,29).

Simbolicamente, o caminho termina também para nós em Jerusalém, na companhia de João Batista. Ele é para nós modelo dos perseguidos por causa da justiça, voz no deserto que ecoa ainda hoje para lembrar o valor da coerência e da denúncia.

Na obra lucana (Lc e At), é em Jerusalém, lugar da experiência da cruz, que se deve esperar a vinda do Espírito Santo. O ânimo é recobrado não pela fuga, como fizeram os discípulos que caminhavam para Emaús, mas pela permanência. Jerusalém não é o lugar do razoável. É lugar da paixão. É ela que nos faz caminhar "sem outra luz ou guia a não ser a que no coração ardia", conforme poetizou São João da Cruz.

Hoje em dia, há muitos motivos para protestar contra a "injustiça" social e ambiental: muitos recursos encontram-se nas mãos de poucos, falta oportunidade de estudo e trabalho, há um clima político e social de intolerância e pouca disponibilidade ao diálogo. Isso aumenta a insegurança diante do futuro e, por isso, os jovens se refugiam no individualismo e no mundo virtual, demonstrando indiferença para com o outro e o "comum". Por outro lado, sentem-se atraídos por propostas que oferecem estabilidade, identidade e segurança.

A voz de João Batista

Jerusalém foi a meta final também de João Batista, profeta e precursor de Jesus. Nascido na cidade de Ein Keren, nas proximidades de Jerusalém, ele foi até o deserto, lugar de solidão e essencialidade, para cultivar uma profunda busca de Deus. Ali

O túnel da perseguição

se tornou profeta, anunciando a vinda do Messias, pregando a conversão e denunciando as injustiças. Terminou sua vida nas prisões do rei Herodes Antipas, filho de Herodes, o Grande; foi morto pela coragem de opor-se à arrogância do poder e pela covardia do rei, que não quis quebrar a promessa feita a Salomé.

A história de João Batista nos mostra que precisamos de um anúncio vocacional que:

- reaviva a esperança na possibilidade de uma conversão (mudança de rota) pessoal e social, em todos os âmbitos;

- restabeleça a confiança de que realmente cada pessoa pode, e deve, dar a sua contribuição para uma sociedade mais justa e "bem-aventurada";

- fortaleça a capacidade de amar e construir relações "nutritivas" em todos os níveis (família, amizade, comunidade etc.).

Para fazer isso, temos que estar dispostos a "dar a cara" (ou a cabeça!), assim como João Batista fez ao responder a seu chamado: "Preparai o caminho do Senhor, fazei retas suas veredas!" (Mc 1,3). Nas pegadas dele, somos chamados também a ser vozes: no deserto da indiferença, do individualismo, da conveniência, bem como na Jerusalém do poder, do conflito, da prevaricação.

Não é por acaso que ainda hoje Jerusalém mantém suas características como um lugar de culto para judeus, muçulmanos, cristãos; um ponto de encontro de várias culturas e tradições e, infelizmente, cenário frequente de conflito e de morte.

Vocação é isso: entregar a própria vida nas mãos de Deus para que ele conduza e defina a meta, os caminhos, os passos, o equipamento. Essa entrega não significa passividade ou resignação; ao contrário, exige uma difícil atividade diária: renovarmos a cada dia a disponibilidade de "abrir mão" das nossas seguranças e arriscarmo-nos na estrada da profecia e do testemunho.

Nesse desafio nos sustenta a promessa de Jesus: "Bem-aventurados sois vós quando vos insultarem, vos perseguirem e, mentindo, disserem todo mal contra vós por causa de mim. Exultai e alegrai-vos, porque vossa recompensa é grande nos céus! Pois do mesmo modo perseguiram os profetas que vos precederam" (Mt 5,11-12).

> Vocês são a luz do mundo. Vocês são o sal da terra.

O sermão das bem-aventuranças continua com a descrição da missão de cada cristão: ser sal da terra e luz do mundo. Esse é o horizonte comum de cada vocação, esse é o sentido último das bem-aventuranças. A realização da vida, de toda vida, é o dom de si. O sal se dissolve na comida e deixa o seu sabor. A luz se espalha, ilumina, orienta e aquece. Somos todos chamados à alegria de "ser para os outros". O sentido da vida cristã é fazer a diferença, produzindo "frutos" de justiça e solidariedade e comprometendo-se com a vida plena e abundante, não somente para si mesmo, mas também para os outros. Para isso estamos neste mundo, para deixar a nossa marca, o nosso sabor, a nossa luz. E essa marca tem que ser transparência de Deus, reflexo do seu amor e do seu cuidado para com todas as pessoas, especialmente onde a dignidade humana é afetada, onde existe discriminação e exclusão por causa de nacionalidade, condições sociais, religião, raça, cultura, orientação sexual.

Afinal, trabalhar com as juventudes na perspectiva vocacional significa, hoje, desencadear um movimento em espiral. A experiência pessoal, de Deus e com Deus, proporcionada pelas bem-aventuranças é motivo e impulso para ser sal e luz no mundo. A "missão no coração do povo" (cf. EG, n. 273) é motivo e ímpeto para uma relação cada vez mais profunda e verdadeira com Deus, Pai e Mãe de todos e todas.

PARTE II

Metodologia vocacional hoje

Estamos imersos em um contexto histórico marcado por uma mudança de época e de paradigmas. Vivemos em um mundo pós-pandêmico, atravessado por situações dramáticas, como guerras, crescimento exponencial das violências, desigualdades, emergência climática, intolerância religiosa, entre outros desafios urgentes. Cenários como esses geram muita insegurança e muitas vezes nos impedem de vislumbrar possibilidades de esperança no presente e no futuro.

Sabemos que as pessoas mais afetadas por esses contextos desafiadores são as juventudes, pois são as principais vítimas de estruturas sociais injustas e exploratórias. São alvos prediletos da violência e sentem mais de perto as influências e marcas que esses contextos vão deixando no mundo. As juventudes, na sua maioria nativos digitais, lidam constantemente com os efeitos das redes sociais na elaboração de suas subjetividades, com o desemprego, com a insegurança nas instituições, com graves problemas na educação, com as questões de saúde mental, entre tantas outras realidades cada vez mais desafiadoras. E é importante destacar que, muitas vezes, elas enfrentam tudo isso sem nenhuma ferramenta ou apoio.

Nas trilhas da vocação

Mas é possível observar também que as juventudes, apesar de serem uma categoria social muito vulnerabilizada, historicamente foram e são grandes protagonistas de mobilizações e transformações em diversos ambientes. Elas cotidianamente ensinam e ajudam a sociedade a ser mais sensível a questões ecológicas, ambientais, econômicas, e lidam melhor com temas ligados à diversidade de gênero, raça, religião etc.

"A juventude é um lugar sagrado, teológico", aprendemos com o Pe. Hilário Dick, grande apaixonado pela experiência de caminhar com os jovens. É um lugar onde é possível ver e sentir Deus. E, se Deus não é estático, sua presença através das juventudes também não é. Os jovens expressam uma força vital capaz de mobilizar instituições com seu espírito provocador, sendo uma chave de leitura para ler o mundo, os desafios e as esperanças de cada tempo histórico.

Cada geração enfrenta suas próprias dificuldades e potencialidades. Ser jovem hoje é muito diferente de como era há dez ou vinte anos. Por isso, é imprescindível que o animador vocacional esteja sempre atento aos sinais dos tempos para identificar com sensibilidade e coragem quais são os medos, angústias, inseguranças, esperanças e anseios de cada jovem acompanhado. A proximidade e o conhecimento das realidades juvenis é um elemento fundamental para a animação vocacional.

Como dito anteriormente, este é um tempo de dramas sociais repletos de incógnitas e incertezas. Mas, a incógnita não pode fazer-nos duvidar do mistério e do Espírito que sempre suscitam na vida da Igreja e da sociedade, através das juventudes, possibilidades de esperança. E a esperança precisa ser a companheira fiel dessa travessia, pois ela nos ajuda a projetar o caminho, a encontrar os melhores métodos em cada contexto,

Metodologia vocacional hoje

a perseverar na coerência evangélica de confiar nos processos construídos com discernimento e autonomia.

A importância de um método na animação vocacional

Como animadores vocacionais inseridos nesse contexto, acreditamos que a Palavra chamante de Deus continua a ressoar e a nos impulsionar em nossa missão junto às juventudes, a partir de iniciativas vocacionais que partem do chão da realidade e veem os jovens como sujeitos do processo.

Mas, podemos nos deixar levar pela tentação de propor a fé como um superpoder que irá resolver todas as situações. Porém, a fé habita a dimensão do mistério e baseia-se no resgate da memória das ações de Deus na vida de cada pessoa chamada à existência e a fazer parte da grande família dos filhos e filhas de Deus. Isso requer que, como animadores vocacionais, sejamos provocadores da questão: "Por que isso está acontecendo?". Contribuir na busca e construção de respostas para os fatores que desencadearam tais crises é também nossa tarefa.

Na construção deste capítulo, encontramos uma constatação feita pelo teólogo José Lisboa, no 2º Congresso Vocacional do Brasil (CVB), a qual se encaixa nesta reflexão e nos provoca:

> Nos últimos anos tem se intensificado a reflexão sobre a importância de se ter um método pedagógico para o SAV de nossas comunidades eclesiais. Apesar disso, muitos animadores e animadoras não acreditam nessa possibilidade e preferem não pensar na questão, deixando tudo por conta da improvisação [...] Costuma-se também dizer que no dinamismo vocacional age o Espírito Santo, o qual "sopra onde quer" (cf. Jo 3,8). Por isso a determinação de

Nas trilhas da vocação

um método e de um processo educativo acabaria atrapalhando a ação do Paráclito.[1]

Esse Congresso deu uma grande contribuição para a reflexão vocacional ao insistir na necessidade e importância do método pedagógico vocacional e do planejamento no Serviço de Animação Vocacional (SAV). De lá para cá, muitos passos foram dados no tocante ao planejamento do SAV. Mas, parece haver certa falta de clareza do método pedagógico vocacional, pois, como disseram os participantes do 4º Congresso, a "caminhada da Igreja no Brasil vai se conscientizando, por convicção evangélica e por necessidade, da dimensão vocacional" (4º CVB, 10) e a "animação vocacional ainda é muito voltada às vocações específicas (vida religiosa e presbiteral), quando deveria incluir todas as vocações" (4º CVB, 15). Para não ficarmos nessa encruzilhada, é necessário buscarmos novos caminhos.

Qual metodologia vocacional é possível e útil nesse contexto?

Não é escopo desta reflexão traçar uma definição ou enveredar pelos meandros da metodologia e da pedagogia, até porque sua noção é polissêmica, mas sim buscar luzes que possam nortear a busca por elementos que dão vida a uma pedagogia vocacional.

A primeira luz vem da própria etimologia das palavras: *pedagogia*, do grego *paidagóghia*, derivante de *paidagógos*, aquele que acompanha e observa as crianças durante o dia; e *metodologia* – do grego *methodologhía* –, que deriva de *métodos* e etimologicamente significa caminho que leva adiante, que leva além.

---

[1] CNBB. *"Ide também vós para a minha vinha"*: temáticas do 2º Congresso Vocacional. São Paulo: Paulus, 2005. p. 53 (Estudos CNBB 90).

Com base nessas definições, podemos extrair duas luzes importantes para a nossa reflexão: 1) a pedagogia está relacionada ao *acompanhamento do processo de ensino/aprendizagem* (conceitos, valores e outros) de uma pessoa. Ensino e aprendizagem são processos conectados e interligados; 2) esse duplo processo se desenvolve por meio de um *caminho/meio/abordagem* utilizado para se alcançar determinado objetivo a partir de critérios e/ou regras preestabelecidas. Ou seja, é o *como fazer* para que, ao longo desse processo de ensino e aprendizagem, a pessoa possa ir além de si mesma e do conjunto de saberes (bagagem) que ela traz consigo.

Outra luz nos vem da definição traçada pelo Observatório da Juventude da Universidade Federal de Minas Gerais: "Ao falar em pedagogia das juventudes, estamos nos referindo aos princípios e metodologias que informam e dão vida, boniteza, como diz Freire, a uma determinada prática educativa desenvolvida com jovens".[2] Ou seja, esse conjunto de princípios e métodos que percorrem as diferentes fases da vida não pode ser insosso, mas precisa ter *vida e beleza*. Para Paulo Freire, a

> humanização e desumanização, dentro da história, num contexto real, concreto, objetivo, são possibilidades dos homens como seres inconclusos e conscientes de sua inconclusão. Mas, se ambas são possibilidades, só a primeira nos parece ser o que chamamos de vocação dos homens. Vocação negada, mas também afirmada na própria negação. Vocação negada na injustiça, na exploração, na opressão, na violência dos opressores. Mas afirmada no anseio de liberdade, de justiça, de luta dos oprimidos, pela recuperação de sua humanidade roubada.[3]

---

[2] DAYRELL, Juarez (Org.). *Por uma pedagogia das juventudes*. Mazza Edições: Belo Horizonte, 2016. p. 252.

[3] FREIRE, Paulo. *Pedagogia do oprimido*. 17. ed. Paz e Terra: Rio de Janeiro, 1987. p. 16.

Nas trilhas da vocação

Para o Bem-aventurado Tiago Alberione, fundador da Família Paulina, era necessário primeiro "viver como homem [ser humano]; sobre o homem se edifica o cristão e, quando formos cristãos perfeitos, então se poderá construir a vocação verdadeira da alma a serviço de Deus, ao apostolado. Uma vocação que depois é dedicação mais intensa e perfeita ao Senhor; um amor mais intenso a Deus, um maior desejo de alcançar a santidade mais alta" (*Per un rinnovamento spirituale*, p. 84).

Dessas afirmações, podemos colher várias luzes: o ser humano é um ser inconcluso e consciente de sua inconclusão; humanização e desumanização são possibilidades dentro de um contexto histórico real; a vocação de homens e mulheres é a humanização e, a partir desta, se edifica a vocação cristã da qual derivam as diversas vocações específicas, ministérios e serviços na Igreja.

Nesse sentido, propomos cinco trilhas que estão interligadas e nos apresentam caminhos metodológicos que dão cor, vida e sabor à animação vocacional. São elas...

1. Trilha da Palavra;

2. Trilha do Papa Francisco;

3. Trilha da Igreja latino-americana;

4. Trilha da Teologia da vocação;

5. Trilha da escuta da realidade.

A trilha da "escuta da realidade" será, ao mesmo tempo, uma breve análise do que está sendo feito, a partir da partilha concreta de pessoas que atuam com as juventudes em seus processos vocacionais, e também uma sugestão de método vocacional.

Trilha da Palavra

O caminho da sarça

A pedagogia que sustenta e embasa todo o processo da animação vocacional deriva, em primeiro lugar, da Palavra de Deus, que chama à existência/vida, "E Deus disse: 'Que haja luz' e houve luz" (Gn 1,3), e da relação com ele, "Deus disse: 'Façamos o ser humano à nossa imagem e semelhança'" (Gn 1,26s).

Há também um caminho pedagógico seguido pelo próprio Deus ao se manifestar e chamar Moisés na sarça ardente (cf. Ex 3,1-14). Nessa perícope, encontramos a dinâmica na qual se manifesta e se desenvolve a vocação de Deus. Isso mesmo... Deus também é chamado e, em "seu processo vocacional", encontramos a chave basilar para construir e desenvolver nossa metodologia vocacional.

Nas trilhas da vocação

A vocação de Deus[1]

> O Senhor disse: "Sem dúvida, vi a opressão de meu povo que está no Egito. Escutei seu grito diante de seus capatazes. Realmente, conheço suas dores. Então desci para libertá-lo da mão dos egípcios e para fazê-lo subir dessa terra rumo a uma terra boa e espaçosa, que jorra leite e mel [...] Eis que agora o grito dos filhos de Israel chegou até mim. Também vi a repressão com a qual os egípcios os estão reprimindo. Vai, agora, pois te envio ao faraó! Faze sair do Egito meu povo, os filhos de Israel" (Ex 3,7-10).

Deus é chamado, vocacionado, pelo clamor do povo. Ouvindo o clamor que chega até ele, toma partido e envia pessoas com a missão de atuar na libertação desse povo e conduzi-lo no caminho da vida. Há um caminho gradual e processual em seu chamado:

- *Vê a aflição e escuta o grito*

  Deus é um vocacionado atento, sensível e empático à realidade do outro (povo). Essa sensibilidade e empatia o tornam capaz não apenas de ver e enxergar a aflição pela qual o povo está passando, mas de deixar-se tocar profundamente por ela. A vocação sempre é despertada a partir de uma sensibilidade diante da realidade que desinstala e tira a pessoa da comodidade, do autocentramento.

  Em algum momento ou etapa do processo vocacional, é necessário ouvir e escutar o grito, o choro, que ecoa em meio à realidade. Nem sempre é fácil escutar e acolher o choro do outro, pois incomoda. Mas, se há choro, há dor, sofrimento. Diante do sentir do outro, não existe sofrimento que seja

---

[1] Cf. MESTERS, C. *Vai! Eu estou contigo! Vocação e compromisso à luz da Palavra de Deus*. São Paulo: Paulinas, 2011. p. 15-19.

banal, bobagem ou menos importante. Quanto mais abafado for o clamor, o grito, maior é a dor.

- *Toma conhecimento do sofrimento e desce*

A partir do momento em que nos deixamos incomodar e desinstalar pela realidade de dor e sofrimento, é necessário adotar uma postura e assumir um lugar. Deus toma partido, assumindo a causa daquele que sofre, porque este não tem ninguém por ele. Na Sagrada Escritura, Deus é chamado de *G'oel*: aquele que defende o fraco, que toma partido do sofredor (cf. Sl 146,9). Deus é o *G'oel* dos pobres, dos que nada têm, dos que são explorados e oprimidos.

Ao assumirmos o chamado de Deus em nossa vida, temos que abraçar a causa do Reino, tomar partido dos crucificados da história e/ou dos que estão nas periferias existenciais e geográficas. É necessário entrar em relação com essa realidade, descer e se misturar.

- *Envia alguém*

Todo chamado espera por uma resposta. A resposta de Deus ao clamor do povo são todos aqueles e aquelas que ele envia ao longo da história. Em cada pessoa que diz sim ao chamado de Deus, ecoa o sim de Deus aos clamores da humanidade. Nenhuma vocação é para si mesmo, nem a de Deus.

Os elementos que compõem o método pedagógico da vocação de Deus podem ser aplicados também à dinâmica interna do processo vocacional. Ou seja, é necessário tocar o solo interno da própria história e personalidade, escutar, dar voz aos clamores, aos sofrimentos internos, abafados ou revelados; a história pessoal, com suas dores e alegrias, precisa ser conhecida, ter nome e ser assumida gradualmente ao longo do processo vocacional. Para isso, é preciso a coragem de mergulhar (descer) em uma

Nas trilhas da vocação

viagem, inicialmente acompanhada pelo animador vocacional, rumo ao conhecimento de si mesmo e também das narrativas de Deus ao longo desta história.

A pedagogia de Deus

A iniciativa de chamar é sempre de Deus, e ele faz isso a partir da escuta dos clamores de seu povo. Mas, para entender melhor a pedagogia de Deus, vamos deixar que um vocacionado bíblico nos conte sua história:[2]

> Olá! Eu sou Abram ou Abraão... Isso mesmo, o marido de Sara e pai de Ismael e Isaac. Morei sempre perto de minha família, mesmo depois de ter casado com Sara... Que esposa!!! Sempre me acompanhou em tudo. Sofreu por muitos anos por não poder ter filhos... Mas, depois da visita daqueles três peregrinos misteriosos em Mambré, ela conseguiu engravidar. Não contem por aí... Mas, logo que os vi, pensei que podiam ser enviados de Deus... Desculpem, já estou adiantando a história.
>
> Bom... Depois que meu irmão Harã, o pai de Ló, morreu tragicamente, meu pai Taré resolveu que era chegada a hora de deixar a cidade de Ur na região dos Caldeus, um lugar bonito. Fica bem na região sul da Mesopotâmia e perto do rio Eufrates. E lá fomos nós, desmontar tendas, juntar as cabras e tudo mais... Todo o nosso tesouro.
>
> Esqueci-me de dizer que minha família era nômade... E lá fomos nós, rumo a Canaã. Depois que saímos de Ur, moramos um bom tempo numa cidade que tinha o mesmo nome de meu irmão: Harã. Pois é, foi na cidade de Harã que meu pai, Taré, morreu bem velhinho... Foi em Harã que Deus me chamou e fez um convite que mudou minha vida para sempre... Aliás, mudou a vida de muita gente... até a de vocês.

---

[2] História elaborada por Ir. Clotilde Prates de Azevedo, ap.

Lembro-me como se fosse hoje! Era uma noite quente; não é muito comum as noites serem quentes naquela região. Eu não conseguia dormir. Saí da tenda e fui tomar um pouco de ar fresco, contemplar as estrelas. Vocês deveriam ver o céu à noite em Harã... É forrado de estrelas! Aquela noite... Parecia que as estrelas brilhavam com mais força! Eu estava maravilhado e perdido em meus pensamentos, quando de repente ouvi: "Abrão, saia de sua terra, do meio de seus parentes e da casa de seu pai, e vá para a terra que eu lhe mostrarei. Eu farei de você um grande povo, e o abençoarei. Tornarei famoso o seu nome, de modo que se torne uma bênção".

Eu não conseguia acreditar naquilo que ouvia! Deus!? Falando comigo!? Pedindo que eu largue tudo e vá para um lugar que nem sequer sabia onde, para formar um novo povo? O seu povo! Eu? Um velho?

Acho que, naquela época, eu estava com uns 70 anos ou mais! Aquele pedido mexeu comigo, desceu ao fundo de meu coração. Cada palavra de Deus que escutava me trazia paz... me enchia de coragem e esperança... Uma certeza bateu forte em mim: eu vou! Esse tesouro tem um brilho verdadeiro!

Voltei para a tenda, acordei Sara e fui falando sem parar... Coitada, não entendeu nada! Mas, acreditou e concordou em ir comigo.

Arrumamos nossas coisas, juntamos os animais e partimos. Não duvidei, obedeci ao chamado de Deus e parti. No mais profundo de meu ser, senti que Deus estava comigo, amando-me e me chamando, e que ele cumpriria sua promessa. Com esta certeza, eu e minha família nos colocamos a caminho... Partimos, rumo à terra de Canaã. Fomos caminhando, caminhando, e Deus me apareceu outra vez e disse: "Eu vou dar esta terra para sua família e para todos que fizerem parte dela. Eles vão ser tantos como o pó da terra. Assim como ninguém pode contar os grãozinhos, assim será sua família!" Naquele lugar, construí um altar para agradecer a Deus.

Viram? Deus não me deixou sozinho. Eu estava obedecendo a Deus, e ele estava me guiando e abençoando. Mas, depois, veio um período de seca naquela região, e a fome começou a apertar.

Nas trilhas da vocação

O jeito foi ir para o Egito por um tempo. Lá a situação estava melhor... ficamos lá um período e, depois, seguimos para Canaã... mas as coisas começaram a não dar certo com a família de meu sobrinho, Ló, e o jeito foi nos separarmos. Eu e minha família ficamos em Canaã, numa região chamada Mambré. Meu sobrinho foi morar na região de Sodoma e Gomorra... Essa história vocês conhecem, com certeza...

Quando me apresentei, falei os meus dois nomes para vocês... É que meu pai me deu o nome de Abram, mas certo dia Deus falou de novo comigo e me disse: "Comporte-se de acordo comigo e seja íntegro. Vou fazer uma aliança entre mim e você, e o multiplicarei sem medida. [...] você será pai de muitas nações. E não se chamará mais Abram, mas o seu nome será Abraão, pois eu o tornarei pai de muitas nações".

A partir daquele dia, passei a ser chamado de Abraão. Alguns dizem por aí que foi por causa da minha fidelidade e obediência a Deus. Mas, permitam-me dar um conselho... Conselho de velho: quando Deus nos chama e pede algo, a gente não perde nada, só ganha. Não é difícil ser fiel a Deus... Ele é exigente, sim, mas o que ele nos pede e convida a fazer nos conduz para a vida e a realização de nossa vida.

Aquele fato com meu filho, Isaac, quando Deus me pediu um sacrifício... No fundo do meu coração, eu sentia que não era seu desejo compactuar com a morte. Ele não deixaria meu filho morrer. Por isso, quando Isaac me perguntou: "Pai, onde está o cordeiro para o sacrifício?", eu respondi: "Deus providenciará o cordeiro para o sacrifício, meu filho!". Vocês sabem por que eu disse isso?

Durante aquela caminhada para o alto da montanha, fui repassando tantas coisas da minha vida e de como foi sempre marcante a presença de Deus em tantos momentos e situações. Ter aquele tempo me ajudou a compreender algumas coisas que mudaram meu jeito de ser e ver a vida.

Sabem o que compreendi? Que Deus não queria a morte. Mas que, talvez, estivesse pedindo-me que fosse desapegado, que revisse meus tesouros e me tornasse uma pessoa livre. Livre diante de tudo, até diante de minha família. Senti o quanto Deus me amava e estava comigo. Ele cuidava de mim e me guardava com carinho! Ficou claro que ele não estava pedindo que eu deixasse de amar a minha família, mas sim que não a colocasse acima dele... Ele desejava ser o centro de minha vida.

Se este pobre velho puder dar mais um conselho... Quando ouvir, em seu coração, a voz de Deus chamando e pedindo algo, não tenha medo! Posso afirmar, com certeza: ele é sempre fiel e o ama muito. Se ele pede algo, mesmo que seja algo difícil, confie... Ele deseja apenas que você seja livre, viva a vida em plenitude, seja feliz e faça do mundo e das pessoas ao seu redor um lugar melhor, um lugar de vida plena.

O que podemos aprender com a história de Abraão? Que Deus chama as pessoas para derramar o seu amor na vida delas. O chamamento de Deus contém sempre uma promessa e leva a um caminho, ao longo do qual a pessoa aprende sobre os valores da confiança e da liberdade. A vocação de cada pessoa é um processo de amadurecimento e humanização para o bem da própria pessoa e da humanidade. Esses elementos serão mais bem aprofundados na trilha da Teologia da vocação.

Trilha do Papa Francisco

Na trilha da Palavra, encontramos o método basilar de toda animação vocacional, que se vai modificando e moldando para responder aos diversos desafios que os diferentes contextos históricos vão descortinando. A base não muda, mas a forma sim, e somos provocados a nos desinstalar, rever, ajustar e até a reinventar nossos métodos vocacionais.

Nessa trilha com o Papa Francisco, somos chamados a abraçar a realidade histórica atual para continuar a anunciar aos jovens: "Hoje o Senhor abre diante de vós um caminho e convida-vos a percorrê-lo com alegria e esperança. A nossa vida é uma peregrinação, uma jornada que nos empurra para além de nós mesmos, um caminho em busca da felicidade [...], porque fomos criados por aquele que é infinito e, por isso, em nós habita o desejo de transcendência, a inquietação contínua para a realização de aspirações maiores, para um 'algo a mais'. É por isso que, como já vos disse tantas vezes, 'olhar a vida da varanda' não é suficiente para vós, jovens".[1] É necessário colocar-se a

---

[1] 34ª Jornada Mundial da Juventude, 2024. Disponível em: <encurtador. com.br/ys0iV>. Acesso em: 3 out. 2024.

Nas trilhas da vocação

caminho e tornar-se um "peregrino da esperança", descobrindo a beleza da aventura de viver em busca do rosto de Deus e de seguir as pegadas do Amor.

Nessa jornada, é importante a postura que o caminhante assume. Não se trata de ser apenas um turista apressado, que passa pelos lugares preocupado em encontrar os melhores ângulos e filtros para a *selfie* perfeita, mas de degustar a jornada como peregrino que "mergulha de alma e coração nos lugares que encontra, fá-los falar, torna-os parte da sua busca de felicidade. [...] Enquanto caminhamos, levantemos o olhar, com os olhos da fé, para os santos que nos precederam na caminhada, que chegaram à meta e nos dão o seu testemunho encorajado".[2]

As perguntas que podem brotar daqueles que acompanham os jovens em seus processos de discernimento vocacional (presbíteros, vida consagrada, cristãos leigos, profissionais e/ou jovens qualificados) são: "Como ajudar os jovens nesse caminho? Que método seguir em nossa animação vocacional hoje?".

Há muitos caminhos de respostas ao longo do magistério do Papa Francisco. Vamos realizar uma breve visão sobre o recente Sínodo dos Jovens e resgatar alguns elementos apresentados no documento preparatório ao Sínodo sobre os Jovens, que retoma elementos apresentados na *Evangelii Gaudium*, n. 51, a partir dos verbos do discernimento: *reconhecer, interpretar e escolher.*

Reconhecer

- "refere-se, antes de mais nada, aos efeitos que os acontecimentos da minha vida, as pessoas que encontro, as palavras que escuto ou que leio produzem sobre a minha interiori-

---

[2] Ibid.

dade: uma variedade de 'desejos, sentimentos, emoções' de sentido muito diferente".[3] Por isso mesmo traz consigo algumas exigências: o aflorar da riqueza emotiva que cada pessoa possui e a nomeação das paixões sem julgamentos; acolher o "sabor" que deixam em mim, que podem ser de "consonância ou dissonância entre o que eu experimento e o que existe de mais profundo em mim".[4]

Nessa perspectiva de discernimento, que não é uma sessão de terapia, o confronto com a Palavra de Deus torna-se de suma importância e um qualificante desse reconhecimento. A pessoa olha para sua realidade afetiva, escuta o que ela está lhe dizendo à luz de Deus. Nesse processo, entra-se no segundo verbo ou momento...

Interpretar

- é "compreender ao que o Espírito está chamando por meio daquilo que suscita em cada um. [...] colher a origem e o sentido dos desejos e das emoções provadas e avaliar se nos estão orientando em uma direção construtiva ou se ao invés estão levando-nos a inclinar-nos sobre nós mesmos".[5] É uma fase que requer, do acompanhante e do acompanhado, paciência e vigilância; certo aprendizado para perceber que efeitos os condicionamentos psicológicos e sociais que a pessoa carrega consigo estão provocando no hoje; que seja feito num diálogo interior com o Senhor. É imprescindível que o acompanhante tenha experiência pessoal na escuta do Espírito.

---

[3] SÍNODO DOS BISPOS. *Os jovens, a fé e o discernimento vocacional – Documento preparatório*. Brasília: Edições CNBB, 2017. p. 31.

[4] Ibid., p. 32.

[5] Ibid., p. 32.

Nas trilhas da vocação

O passo seguinte desabrocha como uma exigência necessária do processo, é o *escolher/decidir* por um caminho, uma postura/atitude.

Escolher/decidir

- como resultado dos passos anteriores, o "ato" de decidir se torna exercício de autêntica liberdade humana e de responsabilidade pessoal, sempre obviamente situado e, portanto, limitado. "A escolha se subtrai, portanto, à força cega das pulsões [...] A decisão exige ser posta à prova dos fatos em vista da sua confirmação."[6] Toda escolha deve ser traduzida em ação e projeta a pessoa para novos percursos.

Em geral, temos dificuldade para nos conectar com nosso interior. Com as jovens gerações não é diferente, como diz uma música do MC Wiu: "Esqueço as emoções, jogo no fundo do baú. [...] Substituindo os sentimentos pelos fones de ouvido [...] Eu ando lutando com esses demônios internos. Que fazem de tudo porque querem me parar". Olhar para dentro de si machuca, dói, é exigente e não se faz sozinho. Aqui entra o papel do acompanhamento vocacional por meio da aproximação, da escuta, do se fazer próximo, da paciência no processo de acompanhamento, que vai ajudando o jovem a *reconhecer, interpretar e escolher* sua estrada vocacional.

Em coerência com o documento preparatório do Sínodo, seu Documento final e a Exortação apostólica *Christus Vivit* seguem a mesma linha propositiva: "Quando nos toca ajudar o outro a discernir o caminho da sua vida, a primeira coisa a fazer é ouvir. Esta escuta pressupõe três sensibilidades ou atenções diferentes e complementares" (ChV, n. 291):

---

6   Ibid., p. 33.

- "A primeira sensibilidade ou atenção é para a pessoa" (ChV, n. 292).

  Ouvir o outro que se está revelando em suas palavras.

  Que o outro sinta que o meu tempo, aquele que ele precisa para expressar o que quiser, é seu.

  O jovem precisa sentir que o ouço incondicionalmente, sem ofensa, sem escândalo, sem me incomodar, sem me cansar.

  Essa escuta atenta e desinteressada indica o valor que a outra pessoa tem para nós.

- "A segunda sensibilidade ou atenção é o discernir" (ChV, n. 293).

  Individuar o ponto certo onde se discerne o que é graça e o que é tentação.

  Tal escuta tem em vista discernir as palavras salvíficas do bom Espírito, mas também as armadilhas do mal.

  É preciso ter a bravura, o carinho e a delicadeza necessários para ajudar o outro a reconhecer a verdade, os enganos ou as desculpas.

- "A terceira sensibilidade ou atenção consiste em escutar os impulsos que o outro experimenta ao olhar adiante" (ChV, n. 294).

  A atenção é direcionada para o que outro deseja ser. Às vezes, isso implica que a pessoa não olhe tanto para o que gosta, para seus desejos superficiais, mas para o que mais agrada ao Senhor, para o seu projeto para a própria vida, que se expressa em uma inclinação do coração, para além da aparência, dos gostos e dos sentimentos.

  Atenção para a intenção última.

  Utilizar esse método no processo de discernimento vocacional exige do acompanhante a sabedoria de Filipe com o eunuco

Nas trilhas da vocação

etíope (cf. At 8,26-40), que é chamado a obedecer ao apelo do Senhor de sair de seu "porto seguro" e dirigir-se a um lugar deserto e inóspito para alcançar uma carruagem e encontrar um modo de entrar em relação com o eunuco, a fim de suscitar nele perguntas e inquietações que, talvez, jamais teria feito. Trata-se de ajudá-lo no processo de discernimento e, depois, ter a humildade e a coragem de deixá-lo livre para seguir seu chamado (cf. ChV, n. 296).

Nosso papel, enquanto animadores vocacionais, é o de "suscitar e acompanhar processos, não impor percursos. Trata-se de processos de pessoas que sempre são únicas e livres" (ChV, n. 297). E, para "acompanhar os outros neste caminho, primeiro precisas ter o hábito de percorrê-lo tu próprio" (ChV, n. 298).

O método pedagógico que extraímos desse breve olhar sobre alguns textos do Papa Francisco deixa claro que a animação vocacional não se trata apenas de aprender e utilizar técnicas de acompanhamento. A sabedoria e centralidade do método brotam do se fazer próximo, escutar e ajudar os jovens a se escutarem e a escutarem a "voz" de Deus que ecoa em meio a sua história. O guia dessa estrada é o Espírito Santo, enquanto o animador é chamado, vocacionado, a ser mediação do Espírito.

Trilha da Igreja latino-americana

A Igreja latino-americana, ao longo de sua história, viveu e passou por fases distintas que deixaram marcas não indiferentes à vivência da fé, num continente marcado desde o início pelo sangue de muitos mártires.[1] Na década de 1960, os diversos países do continente viviam um momento de passagem entre uma sociedade rural a uma urbano-industrial.

Paralelamente se assistia ao crescer da consciência sobre a injustiça e a necessidade de mudanças urgentes e profundas em todo o sistema social.[2] Impulsionada pelos ventos do Concílio Vaticano II, a "Igreja, neste contexto, sente a necessidade de 'renovar-se' para estar presente neste processo de mudança, não só como força religiosa e moral, mas também como uma

---

[1]   Cf. HOORNAERT, E. *História do cristianismo na América Latina e no Caribe*. São Paulo: Paulus, 1994.

[2]   Basta fazer memória das várias ditaduras surgidas nesta década: Brasil (1964); Argentina (1966); Bolívia (1971); Uruguai e Chile (1973); Peru (1975); Equador (1976).

força política".[3] Como consequência, aos poucos, foi se alterando o rosto e o jeito de ser Igreja na América Latina. Na introdução das Conclusões de Medellín (1968), transparece essa nova realidade; o mundo de que fala a *Gaudium et Spes* torna-se, na América Latina, sobretudo o mundo dos pobres e dos marginalizados. A Conferência de Medellín trouxe a pauta da juventude para as discussões da Igreja, apontando-a como esperança e desafio.

Já a Conferência de Puebla (1979) ratifica a opção de Medellín e assume a opção preferencial pelos jovens. No segundo capítulo da quarta parte de seu Documento conclusivo, a evangelização da juventude é destaque. Em seu conteúdo, podemos encontrar linhas orientadoras que são ainda válidas e necessárias como pilares no processo de evangelização (vocacional) das juventudes.

Percebe-se que a preocupação é de que os jovens evangelizados se tornem protagonistas na evangelização de outros jovens. Anseia-se que eles contribuam para a realização plena da pessoa humana (DP, n. 1166). De acordo com o Documento, as indicações pastorais seguem o esquema de: verdade sobre Jesus Cristo, sobre a missão da Igreja e sobre a pessoa humana (DP, n. 1182). "O modelo é o das bem-aventuranças, e oferece aos jovens a inserção num processo de conversão. Eis alguns elementos importantes nessa dinâmica: encontro pessoal com a pessoa de Jesus Cristo, na comunidade, e nos sacramentos da reconciliação e da Eucaristia (DP, n. 1183).[4]

Nesse caminho de diversas inspirações, somos convidados a dar mais um passo nessa trilha através das orientações do

---

[3]   ALMEIDA, J. A. *Teologia dos ministérios não ordenados na América Latina.* São Paulo: Loyola, 1989. p. 50.

[4]   Disponível em: <encurtador.com.br/foubW>. Acesso em: 27 set. 2024.

Documento n. 173 do CELAM (Conselho Episcopal Latino-Americano) – Civilização do amor: projeto e missão –, onde são propostos para a Igreja movimentos pedagógicos da missão no mundo juvenil. Que esses movimentos pedagógicos nos inspirem e nos ajudem a fazer de nossa vida uma trilha de oferta e acompanhamento às juventudes. São esses os movimentos pedagógicos propostos:

1. *Aproximar-se* dos jovens

   O princípio básico da animação vocacional passa pelo encontro. Não há encontro sem aproximação. É necessário que façamos o movimento de *aproximar-nos* das juventudes em todo e qualquer ambiente e situação em que elas estejam. É preciso "sair das sacristias", "sair dos ambientes já conhecidos e controlados" e "aventurar-se a passar para o outro lado".[5] Somos enviados e enviadas a "estar com as juventudes em seus lugares vitais",[6] sem julgamentos ou medo.

2. *Fascinar-se* pelas juventudes

   Um outro movimento pedagógico que o documento nos propõe é o *fascinar-se* pelos jovens. Não adianta apenas aproximação, é necessário o amor. Estar fascinado. Se não há amor, não pode haver respeito, verdadeira aproximação. "A dinâmica é a do encantamento."[7] O Papa Francisco nos lembra de que "todos os jovens, sem excluir nenhum, estão no coração de Deus e, consequentemente, também no coração da Igreja" (ChV, n. 235).

---

[5] CNBB. *Civilização do amor – projeto e missão: orientações para uma pastoral juvenil latino-americana.* Brasília: CNBB/CELAM, 2013, n. 465.

[6] Ibid., n. 466.

[7] Ibid., n. 465.

Nas trilhas da vocação

3. *Escutar* as juventudes

Somos também convidados a nos colocar em postura de *escuta* dos jovens, lembrando que "escuta-se com todo o corpo, não somente com o ouvido. Escutar implica afinar os sentidos para ouvir além do que quero ouvir. Trata-se de empregar todas as nossas faculdades, capacidades e possibilidades para mover-se em direção ao outro, com atitude empática, respondendo a seus chamados".[8]

4. *Discernir com* as juventudes

A partir dos movimentos anteriores, deve brotar também o quarto passo: *discernir com* as juventudes. Na disposição de aproximar-se, fascinar-se e escutar, somos chamadas e chamados também a "refletir, a partir da realidade, sobre a Palavra, sobre o que acontece no mundo da juventude e na vida do nosso povo".[9]

Assim, podemos também discernir como se dará nossa missão e nosso trabalho de animação vocacional diante deste tempo histórico, discernindo com as juventudes as ações vocacionais que melhor respondam às buscas e aos anseios daquela realidade juvenil. Isso exige do animador vocacional abertura, maleabilidade, desprendimento de seus esquemas e clareza/convicção da proposta vocacional a ser feita; olhar o jovem não como destinatário de sua ação, mas como sujeito de sua história vocacional com Deus.

5. *Converter-se/comover-se* com as juventudes

Esses movimentos unidos e conscientes dão luz a mais um movimento, que é fundamental para todo cristão e cristã: a

---

[8] Ibid., n. 467.

[9] Ibid., n. 468.

conversão. Cada um de nós é convidado a *converter-se* com as juventudes. E este "é o momento de penetrar na vida da juventude, proclamando-lhe a Boa-Nova e, com ela, proclamar ao povo do continente".[10] A conversão com as juventudes exige "convicção pessoal e comunitária de que a vida dos jovens é uma forma de discipulado e missão"[11] e que "requer reconhecer o sagrado que habita na juventude".[12]

[10] Ibid., n. 469.
[11] Ibid., n. 469.
[12] Ibid., n. 469.

Trilha da Teologia da vocação

Para adentrar na trilha da Teologia da vocação, é importante relembrar que a categoria Igreja, mistério de comunhão, "ícone da Trindade", apresentada pelo Concílio Vaticano II, desencadeou um novo tempo para o Serviço de Animação Vocacional, que, passo a passo, foi redesenhando o rosto da Teologia da vocação.

O conceito de vocação passou a ser compreendido a partir da dinâmica do chamado e resposta, levando-se em conta as mediações do chamado. "Recuperam-se duas categorias fundamentais: o chamado universal à santidade de cada um e o chamado a uma vocação específica."[1] Essa *nova visão* da vocação, na América Latina, não pode ser encarada como um momento isolado, mas como parte do conjunto das renovações provocadas pelos efeitos pós-conciliares no mundo.

Para que o caminho percorrido ao longo dessa trilha possa fluir de maneira mais harmônica e agradável, vamos caminhar por pequenos trechos: chamado/chamamento; diálogo/encon-

---

[1] CNBB; SVM. *Congresso Vocacional do Brasil. Texto-base.* Brasília-DF, 1998, n. 21.

Nas trilhas da vocação

tro; fé/atração; discipulado/humanização; liberdade/alegria; comunidade/missão.

Chamado/chamamento

Como sabemos, a palavra vocação vem do termo latino *vocare* (chamar). Podemos dizer também que é a junção de duas palavras: *vox* + ação, ou seja, uma voz/palavra que vem de "fora" e nos convoca a uma ação, entre tantas que podemos realizar.

Esse chamado/convocação precisa ser ouvido, escutado e discernido, talvez mais de uma vez, para que a resposta/ação (ou ações) aconteça. Há uma dinamicidade, é um processo, pois ele não se dá uma única vez ou num único momento. É muito comum definir vocação como chamado, mas essa palavra não expressa a força desse processo. A palavra *chamamento* parece mais adequada.

Chamamento é uma solicitação, através da voz ou de sinais, da atenção ou da aproximação de alguém. É uma convocação/invocação. Caracteriza-se por ação, dinamicidade e pelo desinstalar-se.

O chamamento, além de ser algo processual e dinâmico, traz em seu bojo toda a questão do *diálogo* e do *encontro* com uma *pessoa e uma proposta*. No processo vocacional, esse chamamento ocorre dentro de um contexto histórico determinado e para uma pessoa que também tem um contexto histórico próprio.

Pensar a vocação como chamamento e não chamado é reconhecer a própria dinamicidade de Deus, que faz e refaz seu convite a partir dos clamores que sobem da realidade. Ao longo de toda a vida, a pessoa vai discernindo e respondendo *a* esse convite. Na resposta vocacional, há o "para sempre" a Deus e ao seu projeto/proposta, mas a forma de viver esse sim pode ser reformulada.

Diálogo/encontro

Diálogo, encontro, proposta são as novas palavras desse trecho que nos ajudam a entender o processo pedagógico da vocação. Para Paulo Freire, o *diálogo*

> é este encontro dos homens, mediatizados pelo mundo, para pronunciá-lo, não se esgotando, portanto, na relação eu-tu [...] é o encontro em que se solidariza o refletir e o agir de seus sujeitos endereçados ao mundo a ser transformado e humanizado, não pode reduzir-se a um ato de depositar ideias de um sujeito no outro, nem tampouco tornar-se simples troca de ideias a serem consumidas pelos permutantes.[2]

No *diálogo,* há o *encontro* livre de duas identidades (alteridades) que interagem como interlocutores e pronunciam e narram o mundo e as histórias que nascem a partir desse encontro. É possível afirmar, então, que o processo de diálogo tem como ponto de partida: o reconhecimento dos diferentes sujeitos que se comunicam e das diferenças desses sujeitos (o outro é um ser humano composto por uma dignidade própria); a *relação* que se estabelece entre esses diferentes; a harmonização dessas diferenças para que o mundo seja pronunciado.

A partir do pensamento de López Quintás, estudado por Gabriel Perrisé, o "espaço" onde esse encontro se realiza se chama *âmbito,* uma "realidade firmíssima e flexível ao mesmo tempo,

---

[2] FREIRE, Paulo. *Pedagogia do oprimido.* 17. ed. Paz e Terra: Rio de Janeiro, 1987. p. 45.

campo instaurado pela relação entre realidades diferentes que se reconhecem e mutuamente se enriquecem. Estamos tratando aqui de uma forma de conhecer imersiva, participativa, integradora".[3] Nesses *âmbitos de encontros,* fundamos espaços dinâmicos e lúdicos de inter-relação sem nos perdermos neles.

Porém, nem todo "encontrão" (mera aproximação) é um encontro, mas pode vir a ser. Num "encontrão", não foi estabelecido ou fundado um espaço de inter-relação onde há união sem divisão ou confusão. No encontro nos humanizamos e, consequentemente, humanizamos o mundo.

> Ao permanecerem, porém, um à frente do outro, tomando a devida distância, ocorre o mútuo reconhecimento. Não é uma distância de afastamento ou desinteresse, mas distanciamento físico suficiente para perceber melhor a realidade que se tem diante dos olhos. Mais do que meramente físico, no entanto, esse distanciamento é criador [...], na medida em que permite a descoberta do valioso. Realizando tal descoberta, e assumindo o valioso, as pessoas se desenvolvem, põem em jogo seus talentos, crescem em maturidade e se enriquecem como seres livres, capazes de colaborar para uma convivência mais justa e mais humana.[4]

Importante esclarecer que, segundo Perissé, no encontro há níveis, processualidade, que requerem aprendizado, escolha e desejo de trilhar os diversos estágios entre os níveis. Esses níveis são:

1. Uso equilibrado das coisas (sobrevivência).
2. Os relacionamentos interpessoais (convivência).

---

[3] PERISSÉ, Gabriel. *Ele está no meio de nós: uma cristologia do encontro.* São Paulo: Paulus, 2024. p. 33.

[4] Ibid., p. 34.

3. O mundo dos valores (ética).

4. Religiosidade (numinoso e transcendente).

5. Encontro com Jesus Cristo (teologia do encontro).

Esses níveis foram "definidos por López Quintás como chave eficaz de orientação na vida. Uma espécie de 'mapa existencial' que contempla nosso desenvolvimento pessoal com seus altos e baixos, avanços e recuos, perigos e possibilidades, certezas e ambiguidades".[5]

Fé/atração

Pensar o processo pedagógico da vocação a partir dos diversos níveis do encontro abre-nos a uma dimensão mais abrangente e ampla da vocação que, como afirmou o Pe. Amedeo Cencini, não pressupõe a fé. Mas a fé pode ser o resultado de um processo de discernimento vocacional, e é o elemento determinante da vocação na perspectiva cristã.[6]

Podemos então nos perguntar: "O que é a fé? Ela é necessária para o despertar vocacional?".

A palavra fé vem do grego *pistia*, que indica a noção de acreditar, e do latim *fides*, que remete a uma atitude de fidelidade. A fé, então, é uma crença absoluta, uma convicção íntima, na existência ou veracidade de um fato; uma confiança absoluta em algo ou alguém (atitude contrária da dúvida); um compromisso de fidelidade à palavra dada. Em algumas situações, como aquelas ligadas a problemas emocionais ou físicos, ter fé significa ter esperança, convicção íntima, de que algo vai mudar de

---

[5] Ibid., p. 15.

[6] Disponível em: <youtube.com/watch?v=aKo4cEJI2tY>. Acesso em: 3 out. 2011.

forma positiva, para melhor. Aqui estamos falando de fé num nível humano.

Na perspectiva cristã, a fé é fruto de um encontro com uma pessoa e sua proposta; ela é composta, entre outras coisas, pela atração e pelo encanto. A encíclica *Lumen Fidei*, n. 4, afirma que a fé "nasce no encontro com o Deus vivo, que nos chama e revela o seu amor: um amor que nos precede e sobre o qual podemos apoiar-nos para construir solidamente a vida. [...] A fé, que recebemos de Deus como dom sobrenatural, aparece-nos como luz para a estrada orientando os nossos passos no tempo". Nesse ponto, falamos de fé a partir de dois níveis diferentes, um religioso e o outro que nasce da experiência resultante do encontro.

Não podemos descuidar ou dar por pressuposto a gradualidade do processo de fé na vivência e assunção da vocação. Como afirma Afonso Murad, o "ato de fé parece simples, mas tem muitos componentes. Pode-se comparar a um cavaquinho. Esse pequeno instrumento musical tem apenas quatro cordas. Elas precisam estar afinadas [...] Assim como o cavaquinho, a fé cristã faz música com quatro cordas afinadas: a entrega a Deus, o conhecimento, o amor e a esperança".[7] O autor adverte, ainda, sobre os riscos que podem surgir em cada corda. Vejamos:

1. *Confiança e entrega do coração a Deus.*

   A experiência de um encontro precisa de abertura e confiança. Isso não elimina os momentos de dúvidas e incertezas, ou seja, de crises. Porém, se passarmos esse período de crise, descobriremos que é a própria crise o lugar de encontro mais verdadeiro com o Deus da vida e da alegria. O risco aqui é não pensar criticamente a nossa fé e cair no fundamentalismo.

---

[7] MURAD, Afonso. *A casa da Teologia*. São Paulo: Paulinas, 2010. p. 17.

Trilha da Teologia da vocação

2. *A fé precisa da razão, da inteligência e do conhecimento.*

   Crer naquilo que Deus revela por meio de sua Palavra e, ao mesmo tempo, buscar conhecer o conteúdo dessa revelação. Conhecer "é sempre interpretar e não simplesmente 'engolir' conceitos".[8] O risco aqui é o de racionalismo, pois a pessoa pode cair na ilusão de que ela domina porque sabe. O que conta na fé é a generosidade com o outro e a entrega a Deus, não o domínio.

3. *O amor* experimentado no encontro com Deus dá sentido e preenche a vida da pessoa a ponto de "jorrar/tornar-se" atitude prática.

   É pelas ações e atitudes (prática do amor) que se manifestam os valores que sustentam o ser cristão na construção de uma sociedade como Deus sonha para o ser humano. O risco aqui é o espiritualismo escapista, em que os frutos da fé ficam para depois da morte.

4. A *esperança* diz respeito à nossa condição filial, à salvação que nos é dada por Jesus e ao nosso futuro último e definitivo (cf. Hb 11,1).

   Nós já somos filhos e antecipamos hoje o *já e ainda não* do Reino de Deus. O risco é uma imagem de Deus na linha da Teologia da prosperidade. A fé se torna um poder a ser usado para qualquer coisa que a pessoa queira alcançar.

   Propor aos jovens a vivência da vocação significa ajudá-los a fazer uma caminhada de fé rumo ao encontro do Deus vivo. Esse encontro determina e qualifica a passagem entre a fé no nível humano à fé religiosa (nível do transcendente) e à experiência de fé (encontro com uma das pessoas trinitárias).

---

[8] Ibid., p. 18.

Significa também aprender, aos poucos, a deixar de lado as próprias expectativas, convicções e critérios e dar espaço aos critérios de Deus.

Há uma frase do Bem-aventurado Tiago Alberione que evidencia uma passagem importante, necessária e qualificante nesse processo: "O Senhor dá a vocação criando e a eleva no Batismo".[9] Há muita sintonia entre esse pensamento e a afirmação do Guia Pedagógico de Pastoral Vocacional de 1983: "Na Igreja, 'vocação' é o apelo de Deus que chama uma pessoa para uma missão ou serviço".

Tais afirmações trazem consigo uma das grandes chaves do processo vocacional, que é o discernir e seguir a voz de Deus entre as demais vozes chamantes. Por isso mesmo é necessário "recuperar o autêntico sentido de vocação e ministério que, às vezes, é compreendido numa perspectiva funcionalista".[10] Ao início de seu pontificado, o Papa Francisco dizia:

> Na raiz de cada vocação cristã, há este movimento fundamental da experiência de fé: crer significa deixar-se a si mesmo, sair da comodidade e rigidez do próprio eu para centrar a nossa vida em Jesus Cristo; abandonar como Abraão a própria terra pondo-se confiadamente a caminho, sabendo que Deus indicará a estrada para a nova terra. Esta "saída" não deve ser entendida como um desprezo da própria vida, do próprio sentir, da própria humanidade; pelo contrário, quem se põe a caminho no seguimento de Cristo encontra a vida em abundância, colocando tudo de si à disposição de Deus e do seu Reino. Como diz Jesus, "todo aquele que tiver deixado casas, irmãos, irmãs, pai, mãe, filhos ou cam-

---

[9] Pe. Alberione às Apostolinas, 1960, p. 124.

[10] CNBB. *Batismo, fonte de todas as vocações. Texto-base para o Ano Vocacional 2003.* Brasília-DF, 2002, n. 119.

Trilha da Teologia da vocação

pos por causa do meu nome, receberá cem vezes mais e terá por herança a vida eterna" (Mt 19,29).[11]

Não nos esqueçamos, porém, do sinal de alerta que os jovens fazem à Igreja de que "uma certa modalidade de transmissão da fé não é mais atraente".[12] Dessa forma, um requisito básico e indispensável para a animação e o acompanhamento vocacional é ser um processo que encanta, pois, os "jovens sentem-se fascinados pela aventura de uma gradual descoberta de si mesmos [...] Precisam, porém, ser ajudados a unificar as várias experiências e a interpretá-las em uma perspectiva de fé".[13]

A proposta vocacional pede que os jovens tomem consciência das crenças que orientam e fundamentam as suas vidas, para avaliar se elas satisfazem, o suficiente, a busca de sentido e de felicidade, entrando, assim, em contato com a sede de "algo mais" que habita no coração de todos. Nessa altura, é possível apresentar Jesus e sua relação filial com um *Abba* cheio de amor e misericórdia que preenche todo e qualquer vazio.

Discipulado/humanização

O processo de discipulado deriva da relação de encontro com a pessoa de Jesus. Na Constituição dogmática *Dei Verbum*, a natureza e a finalidade da *Revelação* se manifestam no fato de que Deus, por puro amor, quis revelar-se às pessoas, estabe-

---

[11] 52º Dia Mundial de Oração pelas Vocações. Disponível em: <encurtador.com.br/Dgmwo>. Acesso em: 2 out. 2024.

[12] CNBB. *Vocação e discernimento – Documento conclusivo 4º Congresso Vocacional do Brasil*. Brasília: Edições CNBB, 2020, n. 44.

[13] SÍNODO DOS BISPOS. *Os jovens, a fé e o discernimento vocacional – Documento Final*. São Paulo: Paulinas, 2019, n. 77.

lecendo com cada indivíduo um diálogo de amigo (encontro), a fim de convidá-lo a partilhar de sua vida divina por meio da comunhão com ele (cf. DV, n. 2). Sendo assim, todo "âmbito de encontro" traz em si a possibilidade da revelação de Deus e de iniciação nos processos de fé.[14] Pois a autorrevelação, gratuita e salvífica de Deus, nos chama e capacitar-nos a entrar, pela fé resultante desse encontro (cf. 2Cor 4,13), numa nova dinâmica relacional e de vida.

Importante ressaltar que a Revelação "não estabelece os parâmetros para Deus ou as formas de sua ação. É a Palavra de Deus que convida o ser humano para a obediência da fé".[15] Por meio de sua *Palavra* (cf. Gn 1,1ss), Deus inaugura sua presença na história, chama à vida, cria, e todo o criado torna-se o primeiro ato revelador de sua amorosa providência (cf. DV, n. 3). Como afirma a *Verbum Domini,* n. 77, a "Palavra chama cada um em termos pessoais, revelando assim que a própria vida é vocação em relação a Deus".

Essa Palavra, ao irromper na história humana, com suas adversidades e alegrias, de forma propositiva e interpelativa, exige uma resposta (cf. Is 55,11; Hb 4,12-13) e não deixa dúvidas de que o todo da história humana (pessoal e comunitária) é lugar vocacional e, por isso, chamante.

O Documento final do 2º Congresso Continental Latino-Americano das Vocações diz que a vocação é "uma manifestação da identidade divina, uma teofania, e um convite a vivê-la em Jesus Cristo [...] A vocação é, portanto, um convite para expressar

---

[14] Id., *Os jovens, a fé e o discernimento vocacional – Documento Preparatório.* Brasília: Edições CNBB, 2017. p. 28-29.

[15] LOPES, Geraldo. Dei Verbum: *texto e comentário.* São Paulo: Paulinas, 2012. p. 88.

o Ser de Deus em seu Fazer salvífico, entendido como projeto de Deus Pai, dirigido ao ser humano que ele mesmo salva em seu Filho, para que por obra do Espírito Santo seja partícipe e corresponsável da aventura de amor, salvando os irmãos".[16]

Sendo assim, a resposta vocacional e o processo de discernimento se dão na perspectiva do *discipulado*, do seguimento de Jesus Cristo Palavra viva, concreta, última e definitiva de Deus (Jo 1,1ss). Através do seguimento e no seguimento, é possível conhecer verdadeiramente a Deus, relacionar-se com ele e viver na fidelidade o seu projeto. Segundo Bombonatto: "Não é possível o seguimento à margem da história; não é possível a fidelidade a Deus à margem do seguimento. Por isso, a história da salvação é uma história de seguimento".[17]

O chamado ao seguimento é pessoal e comunitário. O seguimento é sempre uma resposta ao chamamento de Jesus, chamado de amor que implica toda a pessoa do discípulo. Como afirma o Documento de Aparecida, a forma como Jesus chama, com seu olhar de amor e admiração, faz despertar uma resposta consciente e livre desde o mais íntimo do coração do discípulo, uma adesão de toda a sua pessoa, ao saber que Cristo o chama pelo nome (cf. DAp, n. 136).

Viver a vocação na perspectiva do *discipulado* é descobrir-se e situar sua vida não como obra do acaso, mas na perspectiva do encontro com Deus, em uma relação de amizade com a pessoa de Jesus. Relação que nos coloca no caminho de um processo contínuo de construção e reconstrução pessoal, em vista de

---

[16] CELAM. *2º Congreso continental latinoamericano de vocaciones.* Bogotá: Centro di Publicaciones Celam, 2011, n. 55 (tradução própria).

[17] BOMBONATTO, Vera Ivanise. *Seguimento de Jesus.* São Paulo: Paulinas, 2002. p. 35.

nossa humanização/santidade – "Já não vivo, não sou eu, é o Cristo que vive em mim" (Gl 2,20). Pois, "toda a vocação exige sempre um êxodo de si mesmo para centrar a própria existência em Cristo e no seu Evangelho".[18]

O ponto de partida desse caminho de seguimento/discipulado é o deixar-se atrair, encantar. A atração nos põe em movimento, em busca de conhecer mais e melhor o que nos atrai, e coloca-nos a caminho, em seguimento. A dinamicidade desse movimento discipular se deve, primeiramente, à ação do Espírito, que entra em cena para imprimir no discípulo as características desse seguimento. Uma delas é a imitação.

Em algumas passagens do Evangelho, Jesus propõe o modelo a ser imitado: "Aprendei de mim, que sou manso e humilde de coração" (Mt 11,29); "Eu vos dei um exemplo para que, como eu vos fiz, também vós façais" (Jo 13,15). Mas, a proposta de Jesus não é de simples imitação, ela deve desenvolver-se e converter-se em seguimento. Não podemos simplesmente transpor em nós o modo de agir de Jesus, até mesmo porque nós não conseguimos imitar exatamente o que ele fez. É o Espírito que faz isso em nós, ao nos guiar/vincular com ele. É um imitar com o coração. Imitação e vinculação à pessoa de Jesus se tornam outro elemento característico do seguimento discipular.

Diferentemente da perspectiva rabínica, o discípulo de Jesus nunca se converterá em mestre (cf. Mt 23,9), mas será sempre aprendiz, não de uma doutrina, e sim de uma pessoa, o seu mestre. Somente por essa vinculação se explicam os demais traços do seguimento. Quando fazemos, de fato, um profundo encontro com Jesus, descobrimos de onde viemos, para quem somos, para

---

[18] 51º Dia Mundial de Oração pelas Vocações, 2014. Disponível em: <encurtador.com.br/Sb07Y>. Acesso em: 2 out. 2024.

onde vamos e, por consequência, quem somos. Como afirma o Papa Francisco: "Nossa vida na terra atinge a plenitude quando se transforma em oferta [...] Eu sou missão nesta terra, e para isso estou neste mundo" (ChV, n. 254). Eu "sou missão" porque descobri que "sou vocação".

Liberdade/alegria

Outra característica fundamental do seguimento é a liberdade, que, além de ser uma característica, é também condição. Dessa forma, assim como um pássaro não alcança seu destino se estiver preso, impedido de voar, o ser humano não pode seguir Jesus, se não for livre ou, ao menos, se não estiver disposto a fazer um processo de libertação (pessoal, comunitário e social) de tudo o que possa significar impedimento à adesão de vida e à proposta dele.

No processo pedagógico vocacional, a liberdade supõe, inclusive, disposição para passar pela cruz. A liberdade é capaz de levar o discípulo até a cruz, não como obrigação e sim como escolha (fruto do discernimento): "Ninguém tira a minha vida, eu a dou livremente" (cf. Jo 10,17-18).

A liberdade é a condição básica para manter a proximidade com Jesus. Não posso ser bom seguidor de Jesus, se estou com a mente, o coração, a minha vida atados por realidades do presente e do passado que me condicionam (cf. Jo 8,31-32; Gl 5,13-26). Para seguir, é preciso necessariamente ter novas posturas, tomar novas decisões, perder as seguranças cotidianas; sem essas atitudes, não é possível seguir Jesus. O Espírito vem em nosso socorro e nos auxilia nesse caminho de liberdade (cf. Gl 5,1; 2Cor 3,7-18).

A alegria é outra característica indispensável na tríade discipulado-seguimento-missão de Cristo Jesus ressuscitado. Ora, em Cristo ressuscitado, temos vida nova. Toda mensagem cristã é mensagem de alegria. Alegria é o tema central da mensagem do Segundo Testamento.[19]

Essa alegria é capaz de superar, sobretudo, os insultos, as perseguições e as calúnias, como descrevem os evangelistas (cf. Mt 5,11; Lc 6,22-23). Importante ressaltar que o discípulo do Senhor não recebe o "dom do amor de Deus para sua consolação privada; não é chamado a ocupar-se de si mesmo nem a cuidar dos interesses duma empresa; simplesmente é tocado e transformado pela alegria de se sentir amado por Deus e não pode guardar essa experiência apenas para si mesmo: 'A alegria do Evangelho, que enche a vida da comunidade dos discípulos, é uma alegria missionária'.[20]

Comunidade/missão

Seguir como discípulo do Divino Mestre, Jesus, implica viver em comunidade, pois o movimento inaugurado por ele é comunitário e regido pelos laços da comunhão fraterna que advêm do descobrir-se, perceber-se chamado e amado de forma pessoal por ele. Portanto, o discípulo não pode viver isolado, mas precisa estar inserido na vida da comunidade, comprometido com ela. Dentro da pedagogia vocacional, a comunidade exerce um papel fundamental, pois o chamamento de Deus acontece através da mediação comunitária.

> Deus chama-nos a fazer parte da Igreja e, depois dum certo amadurecimento nela, dá-nos uma vocação específica. O caminho

---

[19] Cf. Lc 10,20-21; Mt 5,12; Jo 8,56; 11,15; 16,20ss; At 2,26; 8,39; 13,48; Tg 1,2; 2Cor 7,4; Rm 12,12; Fl 4,1; 1Tm 2,20.

[20] 54º Dia Mundial de Oração pelas Vocações, 2017. Disponível em: <encurtador.com.br/8pxUQ>. Acesso em: 2 out. 2024.

vocacional é feito juntamente com os irmãos e as irmãs que o Senhor nos dá: é uma con-vocação. O dinamismo eclesial da vocação é um antídoto contra a indiferença e o individualismo. Estabelece aquela comunhão onde a indiferença foi vencida pelo amor, porque exige que saiamos de nós mesmos, colocando a nossa existência ao serviço do desígnio de Deus e assumindo a situação histórica do seu povo santo.[21]

Todo o processo pedagógico da vocação conduz a pessoa num processo de *escolha* diante da diversidade ministerial que ela descobre na comunidade eclesial. "Quanto mais aprofundarmos a nossa relação pessoal com o Senhor Jesus, tanto mais nos damos conta de que ele nos chama à santidade, através de opções definitivas, pelas quais a nossa vida responde ao seu amor, assumindo funções e ministérios para edificar a Igreja" (VD, n. 77).

Jesus viveu existencialmente cativado pelo Reino de Deus. Anunciar o Reinado de Deus – torná-lo presente e comunicá-lo – é a missão que confere unidade à vida do discípulo. Com isso, afirma-se que seguir Jesus é colaborar na missão de tornar presente o projeto do Reino ("já e o ainda não") de vida em meio às situações de morte. Segundo o Documento de Aparecida, n. 74, no seguimento de Jesus Cristo aprende-se a praticar as bem-aventuranças do Reino de Deus.

Portanto, o anúncio do Reinado de Deus, na perspectiva do seguimento de Jesus, não consiste numa fuga do mundo, mas na encarnação na vida do povo, gerando um processo de conversão pessoal e comunitária a partir das exigências desse anúncio. Seguir Jesus implica ter no centro do seu olhar e do seu coração

---

[21] 53º Dia Mundial de Oração pelas Vocações, 2016. Disponível em: <encurtador.com.br/YHePI>. Acesso em: 2 out. 2024.

Nas trilhas da vocação

os pobres, isto é, situar-se na perspectiva dos que sofrem. Sendo assim, o discipulado de Jesus exige que o indivíduo faça seus os sofrimentos e as aspirações dos pobres, assumindo sua defesa.

Faz parte da pedagogia vocacional oferecer ferramentas nas quais a pessoa vá percebendo e assimilando, em seu processo de resposta vocacional, que toda exclusão fere o projeto da Trindade para o ser humano; e que seu chamado pessoal comporta ser/tornar-se anúncio de que todas as pessoas são feitas à imagem e semelhança do Criador e, por isso, com direitos inalienáveis.

Trilha da escuta da realidade

O caminho se faz ao caminhar, já nos ensinara o poeta! E, neste ponto do nosso caminho pelas trilhas da vocação, agora cada uma e cada um é convidado a ler, contemplar e sentir um pouco as partilhas de vivências do cotidiano de algumas lideranças eclesiais e pastorais e as experiências de alguns assessores e acompanhantes.

Essas pessoas partilharam conosco um pouco de suas percepções e das metodologias que são usadas no concreto da vida pastoral e comunitária, e como elas percebem alguns desafios e esperanças na animação vocacional hoje.

Esperamos que, neste ponto do caminho, possamos debruçar-nos sobre as partilhas aqui presentes com bastante sensibilidade e despojamento, pois são vozes que retratam a vida tal como ela é em algumas das diversas realidades que nos cercam.

Aqui, desamarrem as sandálias, pois este chão é terra sagrada!

Nas trilhas da vocação

Vivências do cotidiano

A fim de captarmos com profundidade alguns elementos de experiências concretas, foram feitas duas perguntas aos jovens:

I. Pergunta: Qual estratégia você usa para se aproximar e dialogar com as juventudes na sua atuação pastoral?

Respostas: "Acredito que a melhor estratégia é estar disposta a ouvir sem julgar. Entender o que aquele jovem tem a dizer. Ouvir com atenção, escutar o coração daquela pessoa, pois é o olhar atento e a escuta sem julgamento que fazem com que o jovem se abra, confie e acredite que você está ali para auxiliá-lo, acolhê-lo, abraçá-lo.

Também entendo que é necessário vivenciar um pouco do que o jovem vive, estando presente nos mesmos espaços, sejam eles físicos ou virtuais. A conexão acontece quando você consegue entender sua linguagem, suas ações e seus pensamentos, ainda que não concorde com tudo ou que seu objetivo seja mostrar a ele uma outra perspectiva. É preciso um esforço para se conectar, esforço esse que passa pelo diálogo, pelo interesse em saber ouvir mais e falar apenas quando for preciso" (*M.I., 32 anos, liderança que atua há 17 anos no trabalho pastoral com jovens*).

"A aproximação é extremamente importante. Tento entender a realidade local e conhecer o ritmo, identificando os impactos ou problemas da região que afetam as juventudes ou os pontos comuns. Procuro gerar momentos de partilhas e escuta, usando a arte (músicas que falem das lutas dos jovens, que expressem a regionalidade, a temática proposta para o encontro). A dinamização é um ponto-chave que ajuda nesse trabalho. Gosto de usar elementos que interajam com a realidade observada" (*M.C.O.S., 30 anos, liderança que atua há 16 anos no trabalho pastoral com jovens*).

Trilha da escuta da realidade

"Durante minha juventude, fui moldada no trabalho com as juventudes, e isso fez com que apenas agora, após 10 anos do início desse caminho, eu pudesse identificar algumas estratégias que foram sendo construídas de forma orgânica e genuína, a partir também do meu eu jovem. 'A juventude é um lugar teológico.' Além das dicas que vou elencar na pergunta seguinte, que resumem um pouco os caminhos que também utilizo, meu ponto de partida é sempre a realidade.

Não há aproximação e diálogo com as juventudes, sem verdadeiramente conhecê-las ou, ao menos, sem o desejo de fazê-lo. Esse lugar teológico que é a juventude vem carregado de história, marcas sociais, disputas de narrativas, dores, medos, receios, preconceitos, alegrias, inovações, desejo, ousadia, coragem e tantos outros elementos e camadas que devem mobilizar-nos a adentrá-lo. Mas como?

Estudar: Aqui, vários são os caminhos. Há quem goste e dê conta dos moldes mais acadêmicos, a partir de estudos e pesquisas já realizados e em constante produção, que nos ajudam a entender os recortes sociais, históricos, econômicos e políticos que nos atravessam. Há quem faça esse processo acompanhando as notícias e/ou as discussões que são realizadas. No geral, é um passo em constante atualização.

Aproximar-se: Apenas estudar não nos torna próximos das juventudes. Que tempo tenho verdadeiramente dedicado para essa aproximação? Quais jovens tenho escutado nos podcasts, quais jovens tenho lido, quais são os projetos de pessoas jovens que tenho acompanhado, divulgado, fomentado?

Conhecer: Aqui, focando ao máximo na realidade local, mais do que estar próxima, o que conheço da juventude com a qual trabalho? Conhecer envolve estar a par dos assuntos mais falados, dos principais grupos musicais que os jovens acompanham, dos movimentos culturais que têm realizado e/ou acompanhado, das tendências de vestimenta, de memes e de gírias, da forma de se comunicar, das redes a que estão conectados, dos *hobbies*, das dores. Quais são os assuntos mais importantes para os jovens ao meu redor e sobre os quais consigo conversar com tranquilidade?" (*B.S.P., 23 anos, liderança que atua há 10 anos no trabalho pastoral com jovens*).

"Através de uma linguagem juvenil e atual, e considerando as diversas realidades, podemos utilizar séries, filmes, vivências e coisas em comum que chamam a atenção da juventude e que criam uma relação de confiança e segurança, para, a partir disso, iniciarmos um diálogo mais aprofundado" (*W.F.A., 27 anos, liderança que atua há 14 anos no trabalho pastoral com jovens*).

II. Pergunta: Que dicas daria para as congregações religiosas no trabalho com as juventudes? A que aspectos entende que elas precisam estar atentas no serviço de animação vocacional?

Respostas: "Além de estarem conectadas com as juventudes nos ambientes em que se encontram, sejam físicos ou virtuais, é preciso entender o que essas juventudes vivem e não julgar suas experiências antes de compreendê-las. Acredito no poder da confiança.

Noto que os jovens querem se sentir pertencentes a um grupo, um espaço, uma vivência, mas que, por vezes, são podados.

Eles têm ideias e vontades, e desejam fazer acontecer, mas precisam que confiemos neles e estejamos juntos. Dar oportunidade para que criem, pensem e ajam é muito importante, demonstrando confiança nesse compromisso. No entanto, não podemos deixar de estar presentes. Estar ali para orientar, questionar e ajudar a organizar é muito necessário. Confiar em suas ideias e em sua ação é essencial para que o trabalho seja feito pela juventude, para a juventude e com a juventude" (*M.I., 32 anos, liderança que atua há 17 anos no trabalho pastoral com jovens*).

"O processo de escuta aprofundada das juventudes, compreendendo as realidades e tentando desconstruir a visão de muita rigidez que, às vezes, as congregações apresentam, pode levar a um caminho de acolhida e compreensão. É importante incentivar/fomentar o impulsionamento de lideranças, guiando e ao mesmo tempo permitindo que deem seus próprios passos. Ajudar a construir pontes entre as diversas juventudes é fundamental" (*M.C.O.S., 30 anos, liderança que atua há 16 anos no trabalho pastoral com jovens*).

"*Escuta atenta e compromissada*: Muito se diz sobre a escuta, sobretudo em tempos em que o Papa Francisco tem nos provocado a pensar sobre sinodalidade. Porém, ainda temos poucos espaços para nos expressar e raramente somos levados a sério. Poucos jovens conseguem se fazer ouvir em conselhos diocesanos, paroquiais, em grandes assembleias etc. Muitos deles por não terem acesso a esse espaço e outros por insegurança, por falta de processos adequados. Se querem trabalhar com as juventudes, precisam escutar-nos de forma atenta e compromissada, respeitando nossas propostas e ideias, validando a nossa opinião, tanto quanto as demais, e nos incluindo em todas as fases dos processos.

Lugar previsto, pensado e orçado para as juventudes: Mesmo em espaços em que a presença do jovem é 'prevista', eles ficam marginalizados. Apenas prever espaço para a juventude não é suficiente; se quisermos que os jovens estejam conosco, é preciso mais do que prever. É preciso criar ferramentas que possibilitem essa presença. O que as congregações têm feito para garantir que seus congressos, simpósios e atividades atraiam maior público juvenil? Isso pode ser feito oferecendo taxas mais baixas para os jovens, seja incentivando a contribuição direta dessa juventude, contando com nossa colaboração em mesas e formações, ou seja, investindo tanto quanto em qualquer outro convidado.

Inserir-se em processos já existentes e já organizados pelas juventudes: Certamente já é possível encontrar muitas respostas para as dificuldades, encontradas no trabalho com as juventudes, em projetos e propostas que as próprias congregações já têm desenvolvido. Sem dúvida, as congregações podem fornecer assessorias, parcerias, infraestrutura e investimentos que contribuiriam muito na animação vocacional das juventudes. Mas é importante dedicar tempo e abertura para conhecer também o que já é feito e entender como somar forças para potencializar, sobretudo, iniciativas que já possuem a proximidade desejada, por virem dos próprios jovens.

Comunicação e mídias digitais: Esse é um território que não só as congregações, mas todos nós que desejamos essa aproximação e diálogo com as juventudes devemos ocupar. É preciso avançar em um ritmo mais saudável do que temos visto, com qualidade, com informações verdadeiras, com embasamento. Já estamos em um momento em que não temos como decidir entre estar ou não; a estratégia precisa estar voltada para como fazer isso. Um caminho é, novamente, contar com os próprios jovens para acessar essa esfera.

Projeto de vida: Falar de vocação é falar de projeto de vida, e, para as juventudes, esse é mais um dos tantos conceitos em disputa, sobretudo depois da reforma do Ensino Médio. Sem dúvida, é um tema que pode ser uma porta de entrada ou uma janela de aproximação que precisamos explorar. Nesse ponto, cabe às congregações avaliarem a forma mais viável de contribuir no debate. Os caminhos são muitos: subsídios para líderes e grupos, oficinas, cursos, formações pontuais, livros e até mesmo

Trilha da escuta da realidade

se dispor para o acompanhamento. É acompanhando o projeto de vida das juventudes que saberemos quais são os principais apelos, as dores, as alegrias, os medos. E é ficando atentos a tudo isso e nos comprometendo com essa escuta que encontraremos os caminhos para a defesa da vida e para uma real aproximação com os jovens" (*B.S.P., 23 anos, liderança que atua há 10 anos no trabalho pastoral com jovens*).

"Partindo da realidade encontrada, é importante procurar ferramentas que ajudem na aproximação com os jovens. Isso pode ser feito através do lúdico, de esporte, de gincanas, de programações atrativas e mais leves, criando um elo de atenção e confiança por parte das juventudes. Além disso, é essencial tornar o diálogo mais próximo, utilizando meios como rodas de conversas, dinâmicas, paródias; ferramentas mais práticas e menos teóricas. Nas conversas, é preciso fazer um caminho de encantamento, mostrar o lado belo das vocações, partilhar histórias e experiências de vida em que o jovem possa também ser escutado e seja o protagonista e o sujeito da sua própria história. Isso pode levá-lo a pensar as vocações como seu projeto de vida" (*W.F.A., 27 anos, liderança que atua há 14 anos no trabalho pastoral com jovens*).

Outras duas perguntas foram feitas para saber qual a estratégia de aproximação utilizada e como é feito o processo de acompanhamento:

I. Pergunta: Qual estratégia de aproximação e linguagem utiliza em sua atuação pastoral? Em que aspectos percebe que essa estratégia funciona?

Respostas: "A principal estratégia é o amor pela juventude, pois sem amor nenhuma estratégia funciona. É preciso ter a juventude como espaço de missão, como espaço onde Deus se

Nas trilhas da vocação

revela e se manifesta. Ter disposição para escutar o jovem no seu tempo e no seu momento.

Tenho clareza de que não sou mais jovem, porém, escolhi estar com os jovens, caminhar com eles e me deixar interpelar por eles *(I.M.O.C.)*.

"Primeiro nos aproximamos, escutamos, participamos das atividades já existentes na realidade dessa juventude. Após algum tempo de convivência, fazemos propostas que, às vezes, são aceitas e, em outras, não. E também nos aproximamos através das tecnologias/mídias sociais" *(I.G.L.S. e I.M.C.Q.)*.

"A simplicidade e a acolhida. Percebo que os jovens precisam se sentir acolhidos na simplicidade. Por muito tempo, achei que precisava aproximar-me de um jeito 'especial', com palavras 'especiais'. Mas a experiência e os jovens me ajudaram a reconhecer que a simplicidade de ser eu mesma e usar uma linguagem que fala da vida, mais do que belas teorias, é o caminho certo. Quanto mais me aproximo da verdade de quem sou, mais isso gera, nos jovens, um sentimento de tranquilidade e espontaneidade que favorece a proximidade e uma conversa mais profunda" *(I.A.A.)*.

II. Pergunta: De que maneira o anúncio vocacional e o processo de acompanhamento é realizado? Em sua experiência, quais são os conteúdos (as mensagens) que mais ajudam no itinerário vocacional? Como os jovens respondem/interagem com eles?

Respostas: "O anúncio vocacional se dá através da escuta verdadeira e desinteressada, do amor gratuito e da disposição de se colocar a caminho com os jovens. Também através da sensibilidade de perceber o grito de socorro que vem da juventude, do respeito ao seu jeito de ser e da paciência de acompanhar o jovem no seu tempo e momento, sem querer atropelar o seu processo. O conteúdo fundamental é a vida do jovem, sua história, medos, desafios, angústias e sonhos. Ternura e firmeza precisam caminhar de mãos dadas no processo. Propor, mas sem impor. Exigir, mas sem dar as respostas, apenas ajudando o jovem a se escutar, pois na escuta encontrará suas próprias respostas" *(I.M.O.C.)*.

"O anúncio é feito através das tecnologias e mídias sociais, além de convites para conhecer a nossa missão. Após um período de escuta e convivência, ao percebermos o interesse do jovem, propomos o acompanhamento e a convivência na realidade de inserção. Abordamos temas como diálogo vocacional, história da congregação, família, consagração religiosa, vocação leiga etc., buscando um entendimento que se dá na liberdade, de forma a interagir com as comunidades e contextos sociais em que os jovens estão inseridos" *(I.G.L.S. e I.M.C.Q.)*.

"Primeiro é preciso entender que todas as pessoas são vocacionadas à vida; compreender que o projeto de vida vai além do aspecto pessoal, pois também é comunitário, societário e planetário. Devemos pensar e considerar sempre a partir das juventudes e nunca da instituição, escutar seus desejos e saber que todo jovem merece ser acompanhado, e não somente um grupo ou aqueles que elegemos como 'nossos'. É importante tomar cuidado para nunca privatizarmos as juventudes em grupos de nossos interesses.

Outro aspecto fundamental é repensar as instituições, que normalmente têm tradições fixas que não acomodam os jovens. Isso exige um trabalho conjunto com as pessoas que fazem parte das instituições" *(C.L.T.)*.

"O anúncio vocacional deve partir sempre mais da vocação à vida, para ajudar os jovens a descobrirem a própria vida como amada e serem capazes de amar e se entregar para o bem dos outros, na perspectiva de um Deus que nos ama e nos envia em missão, a partir das realidades cotidianas em que vivemos. A partir disso, é possível descobrir um 'quero mais' que abra os

Nas trilhas da vocação

jovens às escolhas específicas. O processo de acompanhamento nasce a partir da relação que se cria através de encontros, palestras, partilhas pessoais que abrem ao jovem o desejo de fazer um caminho, respeitando o tempo e o momento que ele vive. Para mim, essa etapa do processo de acompanhamento é a mais difícil, sobretudo pela falta de continuidade de alguns jovens. Realizar um processo que pede um caminho mais interior é muito desafiador e difícil de ser levado até o fim. Mas acredito sempre mais na verdade da parábola do semeador e nas palavras de São Paulo: a nós cabe semear, mas quem faz crescer é Deus, nos tempos e modos que ele sabe certos para cada pessoa. Não é possível dar uma resposta única porque cada jovem tem um jeito diferente de acolher as propostas. Mas é certo que, quanto mais se fala uma linguagem que toca à vida, tanto mais os jovens são tocados e levados a refletir" *(I.A.A.)*.

Essas foram as respostas que recebemos. Gostaríamos de ter escutado mais pessoas e de ter incluído suas experiências nessa trilha. Mas deixamos para quem for nos ler o desafio de usar essas perguntas com outros jovens e adultos, para que possamos gerar um grande e bonito movimento de escuta e reflexão a partir de experiências concretas do cotidiano, criando, assim, um caminho de verdadeira sinodalidade na ação/reflexão de nossa animação vocacional.

"A cabeça pensa a partir de onde os pés pisam" (Frei Betto).

Neste ponto da nossa jornada, com as sandálias desamarradas, ao contemplarmos as narrativas, histórias, pontos de vistas e experiências de algumas pessoas que dedicam suas vidas à liderança e ao acompanhamento das juventudes, podemos rezar essa frase bem conhecida do Frei Betto: "A cabeça pensa a partir de onde os pés pisam".

Essa afirmação do teólogo se traduz nos relatos que vimos acima. Cada pessoa segue uma metodologia, tem uma didática, um jeito de ser e de fazer o trabalho pastoral junto às juventudes. Não há uma fórmula mágica, não há um segredo. A referência para nós, cristãos e cristãs, é sempre o jovem Jesus Cristo, mas as metodologias necessárias para cada realidade específica precisam ser descobertas ao longo do caminho.

Mas, aqui, demoremos um pouco mais para refletir sobre algumas palavras e aspectos a partir das experiências narradas.

A primeira palavra que podemos destacar aqui é "animador", um adjetivo-substantivo muito bonito que significa: "o que dá a vida, o que anima". Também destacamos a palavra "assessor", que, na sua etimologia, quer dizer: "sentar-se junto com". E a palavra "acompanhante", que tem sua beleza, pois traz na sua origem o significado de "comer do mesmo pão".

Trazemos esses significados porque, diante dos relatos de experiências, parece que as juventudes só se comprometem com quem se compromete com elas. Elas não se sentem atraídas por propostas que não consideram a integralidade de suas vidas.

Percebemos que o trabalho com as juventudes exige muitas coisas, mas, sobretudo, paixão pela causa, paixão por suas vidas, paixão pelo serviço de ser animador, assessor, acompanhante. E essa paixão precisa estar permeada pelo cuidado, pela escuta, pela compreensão, pelo estudo, pela aproximação sem julgamentos.

Parece-nos que é preciso uma vida apaixonada pela experiência de caminhar junto, sentir junto, sentar-se à mesa com os jovens. Sentar-se à mesa de seus medos, de suas inseguranças e de suas fragilidades. Para que, sentados à mesa, possamos comungar com eles dos seus sonhos, utopias, projetos de vida, descobertas, experiências, ideais.

Para dar vida, animar, sentar-se junto, comer do mesmo pão, junto às juventudes, é preciso sentir as suas vidas com paixão.

A distância entre o jovem e o animador, assessor, acompanhante não pode ser muito longa, pois isso fragiliza a segurança das relações. E aqui não falamos de distâncias geográficas, mas daquela distância em que, às vezes, nos colocamos não permitindo que os jovens sejam, de fato, jovens. Não podemos adultizá-los antes do tempo nem desejar que sejam como nós, que ajam como adultos, porque definitivamente não o são.

Não devemos cometer o erro de que nossas congregações, pastorais e organizações coloquem as diversidades juvenis em um único padrão. A diversidade das juventudes é um sinal sagrado no mundo. É preciso compreender os jovens nos processos de vida em que estão hoje, cada um marcado por processos históricos, pela terra em que seus pés pisam, pelas marcas que seus corpos trazem. Acolhamos as experiências diversas como sinais sagrados. É preciso enxergar as juventudes como um lugar teológico, como nos ensinou o Pe. Hilário Dick.

Deixemos que nossos corações pulsem no chão da vida das juventudes e que sejamos presença que acalma, que provoca, que gera movimento, que acolhe, que questiona, que ajuda a enxergar as tantas possibilidades. Para isso, agarremo-nos ao amor de Deus, que nos faz ser coerentes, corajosos, bondosos, misericordiosos, mansos, apaixonados pela vida e pela beleza de caminhar juntos.

Comprometer-nos a caminhar junto às juventudes é uma tarefa que pede conversão diária, pois é necessário uma ética profundamente amorosa e uma postura de sempre estarmos abertos a aprender.

A pedagogia da amorosidade é um caminho desafiador, mas bonito, quando compreendemos que os jovens necessitam de espaços seguros, de pessoas que tragam segurança e apoio com palavras e atitudes, ajudando-os a fazer as travessias e a encontrarem suas vocações, com a certeza de que não estão sozinhos. Pessoas que ajudem nos processos de educação na fé, gerando vida em suas vidas e os ajudando a conhecer e se apaixonar pelo projeto do jovem Jesus de Nazaré a partir de suas próprias histórias, de onde seus pés pisam e suas cabeças pensam.

Por fim, destacamos mais duas palavras-chave para este caminho: o verbo transitivo direto "conhecer", que implica passar a ter consciência, ter sensação de pertencimento, fazer parte de algo, assimilando através dos sentidos. Para que, de fato, possamos tomar cada vez mais consciência dos chãos em que os jovens brasileiros pisam, tornando o nosso trabalho mais sensível, afetivo e efetivo, é necessário termos um sentimento de pertença junto às juventudes. Isso tornará nosso trabalho mais dinâmico, comprometido e transformador, vivendo com todos os nossos sentidos a paixão pelo Reino e pela vida dos jovens.

Por último, o verbo "aproximar", que nos convida a tornar-nos próximos, unir-nos, colocar nosso coração próximo ao coração de alguém, ficar mais perto, apressar-nos, avizinhar-nos. Que, conhecendo e aproximando-nos, sejamos sinais da amorosidade de Deus na vida dos jovens. Que, avizinhando nossas vidas às suas, construamos juntos caminhos e trilhas de esperanças para a vida deles.

PARTE III

Roteiros para atividades e pausas orantes

Estamos quase no final desta trilha vocacional, com a mochila e, quem sabe, o coração permeados por lugares, pessoas, histórias, símbolos e encontros. Esperamos que estes vários encontros possam ajudar a continuar ou ressignificar a jornada que você ainda tem pela frente como animador vocacional.

Nessa altura, gostaríamos de partilhar com você algumas "ferramentas" que construímos e experimentamos em nossas trilhas vocacionais com jovens. São roteiros de atividades baseados nos conteúdos que tratamos até agora; algumas dessas ferramentas são adaptações nossas de dinâmicas conhecidas e divulgadas na web. Nosso desejo é de que você vá descobrindo e construindo, junto aos jovens com quem compartilha a trilha, suas próprias ferramentas.

Roteiros para atividades de meio período

Um caminho feito de encontro e silêncio

Objetivo: introduzir os jovens na experiência do retiro silencioso.

Materiais: Bíblia, caderno, caneta, velas, caixa de som, folhas A4, cesto ou tigela pequena, envelopes de cartas.

Ambientação: sala com cadeiras em círculo, ao centro as velas, a Bíblia e as cartas. Capela ou espaço para momentos de oração pessoal.

Desenvolvimento

Chegada, acolhida e introdução à proposta

- Após o momento de acolhida, entregar a folha introdutória; guardar algum tempo em silêncio (10 minutos).

"'Sede misericordiosos, como o vosso Pai é misericordioso' (Lc 6,36). É um programa de vida tão empenhativo como rico de alegria e paz. O imperativo de Jesus é dirigido a quantos ouvem a sua voz (cf. Lc 6,27). Portanto, para sermos capazes de misericórdia, devemos primeiro pôr-nos à escuta da Palavra de Deus. Isso significa recuperar o valor do silêncio para meditar a Palavra que nos é dirigida. Desse modo, é possível contemplar a misericórdia de Deus e assumi-la como próprio estilo de vida" (Papa Francisco. *Misericordiae Vultus*, sobre a proclamação do Ano da Misericórdia).[1]

- Pedir que expliquem a frase da forma como a compreenderam.
- Vivência orante: Escutando o outro no silêncio (30 minutos).

Caminhar pela sala em silêncio; parar em frente a uma pessoa e dizer algo apenas com um toque, um olhar, um gesto. Repetir o exercício algumas vezes.

Em silêncio, sentar-se, fechar os olhos e procurar ouvir a Deus...

"Carta de Deus para você."[2]

(Silêncio.)

"Somos presente de Deus."[3]

Introdução à oração pessoal

- Pequena explicação sobre o trecho bíblico: *2Cor 3,1-6.*
- Tempo para oração pessoal.

(Pode ser entregue uma folha com a reflexão que segue. Se o grupo for iniciante, o tempo de oração não deve ser longo.)

---

[1] Disponível em: <encurtador.com.br/pNyvJ>. Acesso em: 23 out. 2024.

[2] Disponível em: <www.youtube.com/watch?v=KwuIrHSFG-8>.

[3] Disponível em: <youtube.com/watch?v=g_TmL6CMs6g>.

Roteiros para atividades de meio período

"Uma carta é escrita para ser lida, apreciada e assimilada. O texto de Paulo, proposto para esse momento de oração, tem como referência a passagem do Antigo Testamento que relata os dez mandamentos. Segundo diz a Escritura, eles foram gravados em tábuas de pedra. Já Paulo, ao referir-se à carta de Cristo, afirma que é escrita em tábuas de carne, ou seja, no coração humano, pelo Espírito Santo. Esta carta tem um remetente: Jesus Cristo. Ela deve ser multiplicada por aqueles que a têm gravada no coração. A carta de Cristo deve ser divulgada por aqueles que cultivam a fé àqueles que não conhecem o projeto do Reino. O cristão pode ser comparado a uma carta de amor que tem sua origem em Deus Trindade. O apóstolo Paulo está convicto de que é 'evidente que vocês são uma carta de Cristo, da qual nós fomos o instrumento; carta escrita, não com tinta, mas nas tábuas de carne do coração de vocês'. Paulo confirma que a pessoa é uma carta de amor e que deve perpetuar os traços divinos. Ele lembra que é Jesus quem capacita a pessoa: 'Não nos atreveríamos a pensar que essa obra é devida a algum mérito nosso; pelo contrário, é de Deus que vem a nossa capacidade'.

A Carta de Paulo propõe como deve ser a relação entre o apóstolo e a comunidade de Corinto e a relação dessa comunidade com Cristo e com o Espírito Santo. É um documento de aliança que remete à Lei escrita em tábuas de pedra. A novidade apresentada por Paulo supera o conteúdo e a forma da carta escrita em tábuas no Antigo Testamento. Em primeiro lugar, a comunidade é 'uma carta de Cristo'. Significa que quem vê a comunidade de Corinto deve ver o próprio Cristo. Em segundo lugar, essa carta não foi escrita com tinta, mas com o Espírito de Deus vivo; não em tábuas de pedra, mas nos corações de carne. Significa que

Nas trilhas da vocação

a comunidade é sacramento da nova Aliança, trazida por Cristo e selada com o Espírito.

À semelhança de uma carta, o cristão também tem 'endereço' de destino: ser enviado em missão ao mundo. Paulo exorta os cristãos de Corinto, afirmando que cada um é uma carta de recomendação, uma carta aberta, escrita para ser conhecida, lida e compreendida por todas as pessoas. O cristão, carta escrita, precisa testemunhar, em comunidade, que é uma pessoa de fé e como vive a fé, a esperança e o amor. Como uma carta aberta se torna conhecida, assim o testemunho da pessoa revela a verdade da pessoa: 'estamos rodeados dessa grande nuvem de testemunhas. Deixemos de lado tudo o que nos atrapalha e o pecado que se agarra em nós. Corramos com perseverança na corrida, mantendo os olhos fixos em Jesus' (Hb 12,1-2a). Uma pessoa deixa marcas na vida das pessoas com quem convive por meio de palavras ou de atitudes. Nos relacionamentos humanos, a pessoa transparece quem ela é. O apóstolo Paulo, escrevendo à comunidade de Corinto, diz que ela é o maior testemunho de seu apostolado. É a carta de recomendação para os que colocam em dúvida seu ministério.

O texto bíblico proposto refere-se a uma visita de Paulo, quando surge um conflito entre ele e um líder do grupo. Supõe-se que houve divergências com a pregação e as atitudes de Paulo. O texto leva a crer que os resultados da evangelização não foram os esperados pelo apóstolo.

Paulo, fundador da comunidade, quando foi a Corinto, não teve cartas de recomendação e apresentação, como os outros evangelizadores que passaram por Corinto. Esse fato foi entendido, por parte de algumas pessoas, como arrogância e prepotência do apóstolo. Paulo, porém, acredita e espera que a comunidade cristã seja sua carta de recomendação. Na visão dele, a própria comunidade é a carta de apresentação. A autenticidade da missão de um discípulo, para o apóstolo Paulo, é o testemunho vivo da comunidade. Diante da acusação de arrogância, Paulo reafirma sua convicção diante de Deus (v. 5). Ele não atribui a si mesmo o mérito, mas reconhece ser Deus quem o capacita para o anúncio e a concretização da nova Aliança (v. 6). Assim, todos os cristãos são exortados a viverem no Espírito que vivifica a vida da comunidade. O centro da Carta de Paulo é a pessoa de Jesus Cristo. Vendo o testemunho da comunidade, vê-se a Jesus Cristo. Essa é a característica dos cristãos. O desafio da missão da pessoa de fé é transmitir ao mundo o amor do Pai, sendo carta de amor e vivendo, assim, a vontade divina" (Pe. Pius Sidegum, sj – Grupo Fonte).

- Lanche em silêncio.

- Partilha da experiência em duplas (10 minutos) (se o grupo for pequeno, pode ser feita a partilha com todos).

- Encerrar com o Pai-Nosso.

Vivência orante: Uma carta para Deus

- Assistir ao clipe: "Permita-me ser uma carta".[4]

- Escrever uma carta para Deus, sem assiná-la. Deixá-la no cesto previamente colocado no ambiente (10 minutos).

- Refrão orante: "Eu sei em quem acreditei".[5]

- Redistribuir as cartas e entregar também um papel com a letra da música.

---

[4] Disponível em: <youtube.com/watch?v=1cYarehjnxc>.

[5] Disponível em: <youtube.com/watch?v=Itkh1MmhxZc>.

- Tempo de oração pessoal para refletir sobre as cartas (a que escrevi e a que recebi).

- Momento celebrativo: cada um apresenta um símbolo que represente a sua oração ou a carta.

Refrão orante: "Eu sei em quem acreditei".

Motivar os presentes a fazerem a partilha da oração pessoal.

Intercalar as partilhas com refrão orante.

Oração de Santo Inácio de Loyola.[6]

"Tomai, Senhor, e recebei toda a minha liberdade, a minha memória também, o meu entendimento e toda a minha vontade.

Tudo o que tenho e possuo, vós me destes com amor.

Todos os dons que me destes, com gratidão, vos devolvo; disponde deles, Senhor, segundo a vossa vontade. Dai-me somente o vosso amor, a vossa graça; isso me basta. Nada mais quero pedir."

No caminho das diversas vocações

Objetivo: apresentar os diversos caminhos do sim e as vocações específicas.

Materiais: uma caixa; figuras, objetos ou texto que ilustrem as várias vocações específicas; uma pequena faixa com a palavra "Vocação"; vários recortes no formato de pés e de corações com a palavra "Compromisso" (cada jovem deverá ter um de cada); material para construir um caminho; cartaz com um ponto de interrogação de um lado e, do outro, o rosto de Jesus; Bíblia; canetas; vela.

---

[6] Disponível em: <youtube.com/watch?v=OqEjQWTxYmI>.

Ambientação: construir um caminho, sendo que, no início, devem ser colocados os recortes em formato de pezinhos e, no final, deverá ficar o cartaz com o ponto de interrogação. Ao longo do caminho, distribuir os vários corações com a palavra escrita virada para baixo. Ao centro, colocar a Bíblia e uma vela acesa.

Desenvolvimento

Acolhida

- Acolher os jovens com músicas descontraídas.
- Elaborar uma dinâmica para fazer a integração e apresentação dos jovens e da equipe.

Oração

- Pedir aos jovens que olhem para o caminho e partilhem o que lhes vem à cabeça ao se depararem com esse cenário.
- Em seguida, convidá-los a pegar um pezinho e, em silêncio, escrever algo que desejam ou sonham para sua vida *(se possível, colocar fundo musical)*. Quando todos tiverem terminado, pedir que cada um coloque o próprio pé no caminho que foi construído *(pode-se cantar ou ouvir uma música)*.
- Motivar os jovens a rezarem juntos a "Oração dos jovens por sua vocação" (se possível colocar um fundo musical).

  "Senhor, eu vos agradeço: a minha vontade de mudar as coisas. A minha insatisfação diante do que é medíocre. A minha ira diante da injustiça. O nó que sinto na garganta diante de uma história de amor. O carinho que sinto pelas crianças que me aceitam como eu sou. O amor que, apesar

Nas trilhas da vocação

de alguns desentendimentos, eu tenho pelos meus pais e a coragem de ter sido suficientemente eu para não acompanhar a onda, nem experimentar os tóxicos, nem brincar com minha dignidade de jovem cristão. Eu vos peço uma coisa: grandeza interior para compreender meu povo, minha geração e a vossa presença no meu caminho. Eu vos ofereço a minha juventude. Sei que é pouco, mas é meu modo de dizer que gosto da vida e pretendo vivê-la como um filho digno desse nome" (Pe. Zezinho).

- Os jovens podem repetir a frase que mais lhes chamou a atenção.
- Encerrar com o Pai-Nosso.

Abrindo o coração

- Apresentar uma caixa, contendo objetos ligados às várias vocações, e explicar que ela é um presente de Jesus: ele quer que o grupo realize uma missão muito especial, e enviou, na caixa, tudo o que será necessário para o encontro.
- Convidar um jovem a tirar, sem olhar, algo de dentro da caixa e tentar explicar o que Jesus quer dizer com aquele "presente". Motivar os outros jovens a também participarem da partilha.
- Conforme o animador do encontro julgar conveniente, completar a informação sobre aquela vocação ou sobre o que é vocação. É importante que cada jovem tire apenas um objeto.
- É fundamental ajudar os jovens a perceberem, nos vários símbolos, as diferentes vocações.
- Ressaltar com eles o que é a vocação à vida consagrada.

Esquentando o coração

- Cantar um *refrão orante*, preparando a escuta da Palavra; desvirar o cartaz deixado no caminho para que o rosto de Jesus fique em destaque.

- Ler 1Cor 12,4-11 e fazer uma breve reflexão do texto ou motivar os jovens a partilharem o que entenderam.

- A partir da leitura, motivar para o testemunho vocacional de um religioso, padre ou vocacionado.

- Reservar espaço para que os jovens possam fazer perguntas à pessoa que deu testemunho.

Coração comprometido

- Convidar os jovens a ficarem de pé e formarem um semicírculo em torno do caminho construído.

- O animador, de forma breve, retoma a caminhada feita, ressaltando que, na vida, diariamente, somos interpelados por muitas realidades que exigem de nós respostas. Mas, a pergunta que modificará e plenificará nossa vida é aquela que faremos a Jesus: "Senhor, que queres de mim?". Convidar os jovens a olharem para os corações ao longo do caminho; eles são um presente-compromisso que o Senhor nos oferece neste momento de oração e partilha.

- Pode-se cantar um refrão vocacional que esteja em sintonia com o que foi refletido ou ouvir alguma música.

- Enquanto se canta, cada jovem pode ir pegando um coração.

- Quando todos tiverem pegado os corações, pode-se partilhar a palavra-compromisso que se encontra escrita no coração e formar um círculo. Então, abraçados e juntos, todos rezam o Pai-Nosso, a oração que Jesus nos ensinou.

Nas trilhas da vocação

Despedida

- Agradecer a presença de todos e convidar os jovens para um segundo encontro ou momento orante.

Pausa orante

Vocação... experiência viva do amor que é Deus

Objetivo: fazer memória da própria experiência do amor de Deus. Introduzir o jovem numa experiência de oração mais silenciosa e interiorizada.

Materiais: folhas de papel, canetas, Bíblia, ícone com o rosto de Jesus, vela.

(Se o grupo for iniciante, é importante não deixar espaços muito longos de silêncio).

Ambientação: em uma sala ou capela, fazer um círculo com cadeiras correspondentes ao número de participantes. No centro, colocar a Bíblia, o ícone e a vela acesa.

Desenvolvimento

Animador: Que todos se sintam bem-vindos a este momento orante de encontro com a Trindade que nos acolhe e abraça. Trindade que é Pai e Filho e Espírito Santo.

Todos: Amém.

Animador: A graça e a paz de Deus, nosso Pai, e de Jesus Cristo, nosso Senhor, estejam conosco.

Todos: Bendito seja Deus que nos reuniu no amor de Cristo.

Refrão meditativo: "Deus não está longe de cada um de nós. Nele, vivemos, nos movemos e existimos."[1]

Animador: Deus dá a todos o sopro da vida... todo o necessário para vivermos... Nele, vivemos, nos movemos e existimos.

(Silêncio orante.)

Animador: Escolha uma posição confortável, descruze os braços, as pernas... feche os olhos, respire calma e profundamente, puxando devagar o ar pelas narinas e soltando lentamente. Repita isso mais duas ou três vezes até sentir seu corpo relaxar *(breve silêncio)*. Coloque uma das mãos no coração... Sinta seu coração batendo, ouça a sua "música" *(breve silêncio)*. Seu coração está vivo, cheio de energia e ritmo, cheio de paixão e de força *(breve silêncio)*. Agradeça ao Senhor da vida, porque a vida pulsa dentro de você como um fogo que aquece e desperta *(breve silêncio)*. Agora, em silêncio, tente escutar sua respiração... com calma, sem pressa *(breve silêncio)*. Cada respiro é um beijo de Deus, que continuamente lhe dá vida *(breve silêncio)*. Nele, vivemos, nos movemos e existimos *(breve silêncio)*. Tudo em você pode tornar-se uma oração. Tudo o que você é e tem é um dom do amor que é Deus *(breve silêncio)*. Como o ar que nos oxigena e acaricia, assim Deus quer comunicar o seu amor através da sua Palavra. Escute-o...

(Silêncio orante.)

Refrão meditativo: "Deus não está longe de cada um de nós. Nele, vivemos, nos movemos e existimos."

(Breve silêncio.)

Animador: Em Deus, vivemos, nos movemos e existimos. Estas palavras do apóstolo Paulo contêm uma certeza: a de uma

---

[1] Disponível em: <youtu.be/PCpi6BF2NJY> (Frei Luiz Turra. Paulinas/Comep).

Pausa orante

presença e de um encontro. Hoje, auxiliados pelo silêncio e à luz da Palavra, na escuta e no diálogo sincero, na abertura do coração, esse encontro irá acontecer.

(Breve silêncio.)

Para isso, porém, é preciso haver espaço... A rotina muito intensa nos prende. Todos nós nos encontramos envolvidos em muitas atividades, estudos, trabalho, distrações, preocupações... Isso nos cansa física e mentalmente.

(Breve silêncio.)

Que nesse momento possamos respirar, relaxar e deixar calar tudo o que habita em nossos corações: pensamentos, preocupações, sentimentos, desejos, expectativas...

(Breve silêncio.)

Deixar calar não significa eliminar, mas deixar descer: da superfície à profundidade. Deixar calar significa abrir a porta.

(Breve silêncio.)

Leitor 1: "Eu estou à porta, e bato", diz Jesus. "Se alguém ouvir minha voz e abrir a porta, eu entrarei na sua casa e tomaremos a refeição, eu com ele e ele comigo" (cf. Ap 3,20).

Animador: O Senhor Jesus quer encontrá-lo pessoalmente. No "lugar" onde você se encontra neste momento. No seu hoje. Na sua história. Naquilo que está vivenciando, sentindo, pensando, desejando, até mesmo nas preocupações, nos medos, nas dúvidas, nas perguntas.

Leitor 2: O Senhor, hoje, marca um encontro com você aí dentro do seu coração.

Animador: Este encontro acontece no silêncio e precisa de disponibilidade. Pergunte-se: "O Senhor deseja encontrar-me. E eu? Desejo também ter esse encontro? Estou aberto, disponível, confiante? Como está meu coração? Como eu estou? Quais são os desejos, as dificuldades e as atitudes que apresento neste momento? O que eu gostaria de ouvir? Do que estou precisando? O que me incomodaria?".

(Silêncio orante. Pode ser colocado um fundo musical.)

Animador: Vamos nos aprofundar na escola de oração que são os salmos. O Sl 139(138)[2] nos guia no reconhecimento da força do chamado de Deus em nossa existência.

1. Tu me conheces quando estou sentado,
Tu me conheces quando estou em pé,
Vês claramente quando estou andando,
Quando repouso, tu também me vês.
Vais às raízes do meu pensamento,
Tu advinhas todo o meu dizer,
Para ficar longe do teu Espírito,
O que farei? Aonde irei? Não sei.

Para onde irei, para onde fugirei?
Se subo ao céu ou se me prostro no abismo,
Eu te encontro lá.
Para onde irei? Para onde fugirei?
Se estou no alto da montanha verdejante
Ou nos confins do mar...

2. Se eu disser às trevas que me escondam,
E que não haja luz onde eu passar,
Pra ti, Senhor, a noite é claro dia,
Fazes da noite, luz a irradiar.
Tu me teceste no seio materno,

---

[2]   VV.AA. *Ofício Divino das Comunidades.* 11. ed. São Paulo: Paulus, 1994. p. 189-190.

E me formaste com tuas próprias mãos.
As tuas obras são maravilhosas,
Agradecido, faço louvação.

3. Em teu segredo quando fui pensado
E fui gerado em fecundo chão
Meu ser profundo não desconheceste,
Sempre me viste em toda a minha ação.
A minha história em teu livro escrita,
Ali teus olhos viram meu agir.
Meus dias foram por ti calculados,
Bem mesmo antes de eu existir.

4. Ó meu Senhor, olhando os teus projetos,
Pra entendê-los, limitado sou:
Incalculáveis como grão de areia...
Quando desperto inda contigo estou.
Os opressores todos que me cercam,
Por tua força sejam destruídos,
Homens injustos que a ti renegam,
Sempre serão, Senhor, meus inimigos.

5. Olha-me, Deus, e vê meus pensamentos,
Vem, examina o meu coração.
Meus passos tira do caminho errado,
Guarda minha vida em toda retidão.
Glória te damos, Deus, pra todo o sempre.
Glória a Jesus, o nosso Salvador.
Glória e louvor também ao Espírito Santo,
Que se revela mãe de terno amor.

(Motivar os jovens a fazerem ressonância do salmo. Silêncio orante.)

Nas trilhas da vocação

Na escuta da Palavra: At 17,24-28

O Deus que fez o mundo e tudo o que nele existe, o Senhor do céu e da terra, não habita em santuários feitos por mãos humanas, nem é servido por mãos humanas, como se precisasse de algo. É ele quem dá a todos vida, respiração e tudo o mais. De um só homem, ele fez toda a humanidade para habitar em toda a face da terra, determinando as estações e os limites de suas habitações. Assim fez, para que todos o procurassem e, talvez, como que tateando, pudessem encontrá-lo, embora ele não esteja longe de cada um de nós. Com efeito, nele vivemos, nos movemos e existimos. Como disse Paulo: "Também nós somos de sua estirpe".

Uma pausa reflexiva

Leitor 1: Cristo não veio para "melhorar" a nossa vida, mas para torná-la mais bela, mais agradável, mais longa, mais fácil e mais feliz. Ele veio – como nos disse – para que tenhamos vida em abundância (cf. Jo 10,10). Essa vida que Jesus promete é a vida que Deus Pai nos dá no Batismo. *É a própria vida de Deus.* Esse é o grande dom que Jesus nos deu e nos dá! A vida nova é a vida de Deus que nos é dada!

Leitor 2: Nós, cristãos, sempre procuramos imagens e símbolos para exprimir esse dom imenso. Somos muitos, somos diferentes, mas somos um, somos a Igreja. E essa unidade é a do amor, que não nos constrange, não nos humilha, não nos limita, mas sim nos fortalece e nos torna amigos e irmãos.

Leitor 1: Há uma bela expressão no Evangelho: "E a vida eterna consiste em que conheçam a ti, Deus único e verdadeiro, e aquele que enviaste: Jesus Cristo" (Jo 17,3). Ele próprio nos diz que a verdadeira vida é o encontro com Deus, e que o encontro com Deus é entrar na dinâmica de conhecê-lo. Pela Bíblia, sabemos que conhecer significa amar. Deus é amor e, ao nos dar a vida, nos convida a viver nesse amor: o amor que preenche a nossa vida e nos torna capazes de amar, aos poucos, graças ao Espírito Santo (cf. Rm 5,5).

Leitor 2: A vida nova é descobrir-se pertencente a alguém, nesse caso, pertencente a Deus e, nele, pertencente a todos. Pois, *pertencer significa que cada um é para o outro.*[3]

Animador: O Papa Francisco lembrou que: "A vida nova é descobrir-se pertencente a Alguém, pertencente a Alguém e, nele, pertencente a todos. Pertencer significa que cada um é para o outro". Concluamos este momento com a oração que nos lembra de que somos filhos e irmãos de Deus Pai.

Meu mapa da fé

Dinamizando: cada pessoa recebe uma folha em branco e algumas canetas coloridas e lápis. Motivar cada uma a fazer o seu mapa a partir de sua experiência pessoal com Deus. Perguntar-se: "Como e quando senti o amor de Deus para comigo?". Recordar momentos de dúvidas, palavras que marcaram, pessoas que ajudaram nessa caminhada de fé. Anotar lembranças, experiências, sentimentos, dúvidas, perguntas etc. Ao final, os mapas podem ser partilhados em duplas, trios ou, havendo tempo, cada um pode partilhar o seu com o grupo todo. Concluir o momento com um abraço fraterno e a oração do Pai-Nosso.

---

[3] Cf. FRANCISCO, Papa. *A oração. O respiro da vida nova.* Brasília: Edições CNBB, 2020.

Dinâmicas vocacionais

Vocação é: cuidar do outro – Abrindo os olhos para a realidade

Objetivo: refletir sobre a importância de estarmos atentos à realidade que nos cerca, pois somos todos chamados a fazer a nossa parte para a construção de uma sociedade e um mundo mais justo e solidário.

Materiais: vendas, tampões de ouvido e fita colante; cartazes com fotos ou desenhos sobre vários aspectos da realidade (natureza, pobreza, trabalho, escola, guerra, migração, discriminação etc.).

Ambientação: em uma sala, fazer um círculo com cadeiras correspondentes ao número de participantes. No centro, dispor os cartazes, de modo que apenas o verso seja visível.

Desenvolvimento

Cada jovem é convidado a olhar os cartazes em branco e a fazer a experiência de ser cego, surdo e mudo, colocando vendas nos olhos, tampões nos ouvidos e um pedaço de fita colante na

Nas trilhas da vocação

boca. Após algum tempo, é solicitado que se tirem os tampões do ouvido.

Colocando um fundo musical, três animadores (narrador, Jesus e o surdo-mudo) leem o trecho do Evangelho de Marcos sobre a cura do surdo-mudo (Mc 7,31-35).

Após um tempo de silêncio, para interiorizar a Palavra escutada, pode-se motivar uma partilha, procurando destacar o que Jesus diz e faz e se pondo no lugar do surdo-mudo.

Ainda de olhos fechados, os jovens são levados a refletir e a partilhar aquilo que, no dia a dia, os impede de prestar mais atenção na realidade a seu redor. Pode-se escutar a música: "A novidade", de Gilberto Gil (ou outra à escolha que fale sobre o tema).

Enquanto a música toca, os cartazes podem ser virados, revelando imagens que representam a realidade. Ao final da música, os jovens são convidados a desvendar os olhos e a "andar pelo mundo", observando as imagens e destacando o que mais chama a sua atenção à primeira vista.

Numa segunda rodada, os jovens são incentivados a prestar atenção nos detalhes e a evidenciar outros elementos que, antes, passaram despercebidos.

Para refletir

Diante das diversas realidades belas e difíceis que nos cercam, andamos muitas vezes distraídos, quase como cegos, surdos e mudos, sem conseguir enxergá-las de verdade e sem nos deixarmos interpelar realmente pelas situações que vêm ao nosso encontro. Quando Jesus encontrava e curava as pessoas, elas eram reintegradas na sociedade e incentivadas a servir o Reino. Também nós, como batizados, somos chamados a nos colocar a serviço do Reino: denunciando a injustiça, a pobreza e a desigualdade que estão ao nosso redor e buscando dar a nossa contribuição para melhorá-las.

Síntese final

Cada participante pode ser convidado a responder por escrito à pergunta: "Qual aspecto da realidade atual (qual situação, urgência) sinto-me chamado a servir?".

Andando "no sapato do outro"

Objetivo: deixar de lado nosso ego para compreender a realidade do outro. Conscientizarmo-nos de que somos diferentes uns dos outros, de que cada pessoa vive e enfrenta situações e realidades diferentes.

Material: nenhum.

Desenvolvimento

Solicitar que os participantes tirem seus sapatos e andem descalços. Motivar a partilha da experiência: Como foi essa experiência? Como você se sentiu?

Num segundo momento, pedir que cada participante peça a um outro que coloque seus sapatos. Com a permissão do "dono", os jovens colocam o sapato alheio e andam "no sapato do outro".

No final, motivar uma partilha sobre a experiência: Como foi essa experiência? Como vocês se sentiram? Conseguiram calçar o sapato do outro participante? Era grande? Ou apertado? Qual a sensação de calçar o sapato de outra pessoa?

Para refletir

A vocação pessoal exige que deixemos de lado nosso próprio ponto de vista para abrir espaço aos critérios do Evangelho e à

Nas trilhas da vocação

realidade dos outros, que, sempre, é diferente da nossa. De fato, julgar é muito fácil, mas entender o outro é muito mais difícil. Pode-se recordar um provérbio *sioux*: "Antes de julgar uma pessoa, caminhe três luas com seus sapatos".

Síntese final

Cada participante pode ser convidado a responder por escrito à pergunta: "Qual foi, até agora, a experiência mais difícil de acolhida e/ou de convivência com outra pessoa?".

Cuidando dos excluídos

Objetivo: amadurecer a ideia de que é importante e urgente se importar com os mais desfavorecidos.

Material: nenhum.

Desenvolvimento

Os participantes são convidados a formar grupos de três pessoas. Cada grupo terá que "construir" uma "casa" (dois jovens, um de frente ao outro, com as mãos levantadas, formam o "teto", enquanto o terceiro será o "morador"). A pessoa que sobrar na divisão dos grupos ficará sem "casa", no meio da sala. O animador conduzirá a dinâmica e dará indicações com base nas seguintes opções:

1. "MORADOR!" Nesse caso, todos os "moradores" devem sair de uma "casa" e ir para outra. Não podem permanecer na mesma "casa". As "casas" permanecem no mesmo lugar, e a pessoa do centro (o "morador") tenta entrar em outra "casa". A pessoa que ficou de fora na divisão dos grupos terá que tentar entrar em uma "casa", de forma que outra pessoa fique sobrando.

Dinâmicas vocacionais

2. "CASAS!" Nesse caso, as "casas" trocam de lugar e os "moradores" ficam parados. A pessoa que sobrou tentará tomar o lugar de alguém, formando uma "casa" com outra pessoa. Se conseguir, aquela que sobrar vai para o centro do círculo, tornando-se o "morador" sem casa.

3. "TERREMOTO!" Nesse caso, todos trocam de lugar: quem era "casa" pode virar "morador" e vice-versa.

Observação: dois "moradores" não podem ocupar a mesma "casa", assim como uma "casa" não pode ficar sem "morador". Ao final da dinâmica, pode-se fazer uma partilha do que foi vivenciado. Como vocês se sentiram quando ficaram sem "casa"? Os que tinham "casa" pensaram alguma vez em dar seu lugar ao que estava no centro? Colocaram-se no lugar do outro alguma vez? Como nos sentimos ao sermos excluídos de um grupo?

Para refletir

Na nossa sociedade, há muitas pessoas excluídas do acesso a direitos básicos (moradores de rua, desempregados, povos indígenas, sem-teto, sem-terra, pessoas com deficiência, pretos e pardos etc.). Essas pessoas são vistas como "sobrantes", descartáveis...

Como esse "jogo" nos ajuda a olhar para a realidade daqueles que são excluídos e desfavorecidos na nossa sociedade? Que reflexões podemos fazer a esse respeito?

Síntese final

Cada participante pode ser convidado a responder por escrito à pergunta: "Qual apelo ou inquietação essa experiência despontou em mim?".

Nas trilhas da vocação

Vocação é: descobrir o que motiva – A trilha das bem-aventuranças

Objetivo: identificar quais valores são realmente importantes e, assim, orientar concretamente as nossas escolhas.

Materiais: folhas de papel, canetas, cadeiras, um cartaz a ser colocado no centro da sala com o trecho evangélico das bem-aventuranças.

Ambientação: formar um círculo com cadeiras correspondentes ao número de participantes. Em outro lugar, colocar o cartaz com o trecho evangélico das bem-aventuranças.

Desenvolvimento

1. Cada participante recebe cinco folhas de papel e uma caneta. Entre as nove bem-aventuranças, deve escrever as cinco que mais valoriza e acha importante para a própria vida.

2. Em seguida, os jovens são levados a embarcar em uma longa viagem, cujo meio de transporte será um balão de ar quente. Eles são convidados a se sentar nas cadeiras já dispostas em um círculo (podem escolher seus assentos favoritos).

3. Um animador começa a contar a história de uma viagem em um balão de ar quente, enquanto os demais observam. A história fala de uma viagem que se inicia em um dia bem ensolarado, com vento favorável e boa disposição de todos. A narração visa criar um clima bem sereno entre os jovens. Em determinado momento, o guia avisa que o balão está perdendo altitude devido a um mau funcionamento. Ele os convida a se livrarem daquilo que é supérfluo: devem abandonar duas das cinco bem-aventuranças escritas nos pedaços de papel. O guia então passa com uma cesta e recolhe os

Dinâmicas vocacionais

papéis a serem jogados fora. Logo depois, avisa que o balão está caindo devido a uma improvisa tempestade. Precisam se livrar de outra bem-aventurança. O guia passa novamente com uma cesta e recolhe os papéis, e, assim por diante, até que as pessoas, conduzidas a se livrarem do supérfluo, fiquem com apenas um papel nas mãos.

4. A viagem termina e todo mundo chega a seu destino.

5. Pode ser feita uma partilha sobre o que aconteceu.

   a) Quais bem-aventuranças/valores haviam escolhido? Por quê?

   b) O que aconteceu?

   c) Quais bem-aventuranças/valores jogaram fora? Por quê?

   d) Como se sentiram ao terem que deixar algo ao longo da viagem?

   e) Quais sentimentos falaram mais alto durante a experiência dessa viagem?

   f) Com qual bem-aventurança/valor ficaram? Por quê?

Para refletir

Geralmente, para nos defendermos e sobrevivermos, estamos dispostos a fazer qualquer coisa. No entanto, ser discípulo de Jesus significa doar a própria vida.

Às vezes, para "guardar" as realidades (valores, pessoas, escolhas, bens) mais importantes da nossa vida, precisamos arriscar e enfrentar com coragem as tempestades que surgem ao longo da vida. Nosso instinto é "sobreviver", mas Jesus nos oferece uma outra opção de escolha, quando nos diz: "Se alguém quiser vir atrás de mim, negue-se a si mesmo, tome cada dia sua cruz e siga-me! Pois quem quiser salvar sua vida a perderá, mas quem perder sua vida por causa de mim, esse a salvará. Pois que aproveita ao homem ganhar o mundo inteiro, se ele destrói ou arruína a si mesmo?" (Lc 9,23-25).

Síntese final

Cada participante pode ser convidado a responder por escrito à pergunta: "O que é mais importante para mim? O que estou disposto a arriscar para seguir Jesus?".

Vocação é: descobrir a maravilha que você é

Texto para reflexão e exercício pessoal.

Olhando para o céu estrelado

Quando, em uma noite de verão, você se permite observar o céu e vislumbrar as estrelas, aproveitando um momento de descanso, é nesse momento que aprende a arte de permanecer. Sim! Observar as estrelas exige tempo e paciência! Já deve ter reparado que, para focar um maior número de estrelas, é preciso permanecer com o olhar fixo no céu, concentrando-se e reconhecendo, pouco a pouco, as estrelas que, à primeira vista, se perdem na noite. As estrelas brilhantes não precisam de tempo para serem vistas, elas quase parecem dominar o cenário; na realidade, são as menores, quase imperceptíveis e difíceis de serem notadas imediatamente, que tecem a teia do infinito de uma forma que nos deixa maravilhados.

As estrelas nos ensinam a cativante arte da interioridade. Sim, pois o céu é você, seu mundo interior cheio de aspirações "luminosas" e claras, mas também de desejos menores, talvez escondidos pelo medo ou o desânimo, ou nunca realmente "valorizados" por falta de tempo.

Para a vida valer a pena, é preciso que, mais cedo ou mais tarde, você olhe e atravesse essa imensidão que leva o seu nome, que conta a sua história e fala das suas aspirações. E, nessa travessia (lá vem uma boa notícia!), você não está sozinho. Já parou para pensar que essa imensidão não é apenas sua, mas também de Deus?

Sim! Deus é seu companheiro na viagem à descoberta do seu mundo interior, pois ali, no fundo do seu coração, está guardada a imagem dele que você reflete e que a sociedade espera para se tornar mais bela e humana.

Para reconhecer, na imensidão de situações, anseios, possibilidades, o que realmente vem de Deus e leva a assinatura dele, você precisa se levar a sério

Dinâmicas vocacionais

e acreditar... Sim! Pois Deus o leva a sério o suficiente para colocar a vida em suas mãos, confiando que você a "escreverá" da melhor maneira.

Augusto Cury diz: "Sem sonhos, a vida não tem brilho. Sem metas, os sonhos não têm alicerces. Sem prioridades, os sonhos não se tornam reais".

Às vezes, parece que nos falta a capacidade de sonhar. Na verdade, muitas vezes há falta de coragem para escutar os nossos sonhos, porque o que fala mais alto é o medo de almejar algo que nunca alcançaremos.

Já lhe aconteceu de sentir-se vazio, sem propósito, como uma garrafa de água mineral vazia que não mata a sua sede nem a de ninguém?

Se já se sentiu assim, o primeiro passo é trancar a pressa em uma gaveta, jogar fora a chave e DAR TEMPO A SI MESMO.

Isso mesmo! Dar-se tempo para olhar para si mesmo, da forma como você é, tentando identificar habilidades, capacidades, sensibilidades, fragilidades, medos muitas vezes não ditos que, no entanto, representam indicações importantes para se conhecer e entender o que realmente quer para sua vida.

O segundo passo é observar o jeito como você vive as experiências diárias, as pequenas e as grandes. É o dia a dia que nos mostra para onde estamos indo.

Afinal, você sabe se está feliz e satisfeito com sua vida. Não se pode fingir por muito tempo. E, se perceber certa inquietação misturada com insatisfação, talvez seja porque Deus sabe (e quer lhe mostrar) que você pode almejar coisas maiores, que suas estrelas podem brilhar mais.

O terceiro passo é ter a coragem de se fazer a seguinte pergunta: "Aquilo que escolhi e estou levando em frente hoje é o que realmente quero?". Porque, se não for, pare! Você merece a possibilidade de um horizonte maior, um horizonte que realmente combine com a pessoa que você é!

Sim, tudo isso é difícil e um tanto assustador, mas você vale esse risco, não é?

Seu chamado é uma explosão de mais vida. É você que cresce e sonha com Deus.

O Senhor nunca pede que você abandone seus sonhos, mas que faça dos anseios do seu coração os tijolos com os quais construirá uma existência que realmente expresse quem você é.

Ele o ama do jeito que você é; caminha com você em sua história e não lhe deseja nada além de uma vida plena. Sabe por quê? Porque, se você viver plenamente, será capaz de gerar vida a seu redor.

Olhe para dentro... descubra seu céu, examine suas profundezas, aprenda a permanecer consigo mesmo, sem medo, sem pressa. Sonhar é o caminho que nos leva ao encontro com Deus.

Sonhar é possível. Viver bem é possível. Ser feliz é possível.

Nas trilhas da vocação

Para refletir

- Observe as estrelas e associe cada uma delas a um desejo seu (grande, pequeno, luminoso, mais flébil...).
- Compartilhe-os com Deus, num diálogo orante, como entre amigos.
- Leia e medite o Evangelho da Anunciação (Lc 1,26-38).
- O anjo Gabriel diz a Maria: "Nada é impossível para Deus". Escreva essas palavras em um papel e deixe como lembrete em algum lugar onde você passe mais tempo.
- Leia e medite a homilia do Papa Francisco (*Angelus*, de 11 de agosto de 2013).[1]

---

[1] Disponível em: <encurtador.com.br/J1Fw4>.

Bibliografia

A Bíblia. São Paulo: Paulinas, 2023.

BENTO XVI. Exortação apostólica pós-sinodal *Verbum Domini*. São Paulo: Paulinas, 2010.

BOMBONATTO, Vera Ivanise. *Seguimento de Jesus*. São Paulo: Paulinas, 2002.

CELAM. *Documento de Aparecida – Texto conclusivo da V Conferência Geral do Episcopado Latino-Americano e do Caribe*. 3. ed. São Paulo: Paulus, 2007.

CELAM. *2º Congreso continental latinoamericano de vocaciones*. Bogotá: Centro di Publicaciones Celam, 2011, n. 55 (tradução própria).

CNBB. *Batismo, fonte de todas as vocações – Texto-base para o Ano Vocacional 2003*. Brasília-DF, 2002.

CNBB. *"Ide também vós para a minha vinha" – Temáticas do 2º Congresso Vocacional*. São Paulo: Paulus, 2005 (Estudos CNBB 90).

CNBB. *Veredas vocacionais – Textos conclusivos dos Congressos Vocacionais do Brasil*. Brasília: Edições CNBB, 2013.

CNBB. *Vocação e discernimento – Documento conclusivo 4º Congresso Vocacional do Brasil*. Brasília: Edições CNBB, 2020.

CONCÍLIO VATICANO II. Constituição dogmática *Dei Verbum* (Documento final). São Paulo/Petrópolis: Paulinas/Vozes, 2019.

DAYRELL, Juarez (Org.). *Por uma pedagogia das juventudes.* Mazza Edições: Belo Horizonte, 2016.

FRANCISCO. Carta encíclica *Lumen Fidei*. São Paulo: Paulinas, 2013.

FRANCISCO, Papa. Exortação apostólica *Evangelii Gaudium*. São Paulo: Paulinas, 2013.

FRANCISCO, Papa. Exortação apostólica *Gaudete et Exsultate*. São Paulo: Paulinas, 2018.

FRANCISCO, Papa. Exortação apostólica pós-sinodal *Christus Vivit*. 1. ed. São Paulo: Paulinas, 2019.

FRANCISCO. Carta encíclica *Fratelli Tutti*. São Paulo: Paulinas, 2020.

FREIRE, Paulo. *Pedagogia do oprimido.* 17. ed. Paz e Terra: Rio de Janeiro, 1987.

LIMA, Marcos de. *Seguir Jesus.* São Paulo: Loyola, 2001.

LOPES, Geraldo. Dei Verbum: *texto e comentário.* São Paulo: Paulinas, 2012.

MADRE, P. *Vinde e vede! O chamado de Deus e o discernimento vocacional.* São Paulo: Paulinas, 2011.

MCKENZIE, John L. *Dicionário Bíblico.* 2. ed. São Paulo: Edições Paulinas, 1983.

MESTERS, Carlos. *Vai! Eu estou contigo! Vocação e compromisso à luz da Palavra de Deus.* São Paulo: Paulinas, 2011.

MURAD, Afonso. *A casa da teologia.* São Paulo: Paulinas, 2010.

O'CONNOR, Jerome Murphy. *Paulo de Tarso: história de um apóstolo.* São Paulo: Loyola/Paulus, 2007.

OLIVEIRA, Ivone Brandão. *Caminhar para o Reino com as bem--aventuranças*. São Paulo: Paulinas, 2005.

PERISSÉ, Gabriel. *Ele está no meio de nós: uma cristologia do encontro*. São Paulo: Paulus, 2024.

PONTIFÍCIA OBRA PARA AS VOCAÇÕES ECLESIÁSTICAS. Novas vocações para uma nova Europa. Documento final do Congresso sobre Vocações para o Sacerdócio e a Vida Consagrada na Europa. Roma, 5-10 maio 1997.

RONDET, Michel. Deus tem uma vontade particular para cada um de nós? *Revista Christus*, out. 1989, n. 144.

SÍNODO DOS BISPOS. *Os jovens, a fé e o discernimento vocacional – Documento preparatório*. Brasília: Edições CNBB, 2017.

SOBRINO, Jon. *El principio-misericordia: bajar de la cruz a los pueblos crucificados*. Bilbao: Ed. Sal Terrae, 1992.

VV.AA. *A mensagem das bem-aventuranças*. São Paulo: Edições Paulinas, 1986.

VV.AA. *A linguagem profética das bem-aventuranças*. São Paulo: Paulinas, 1995.

Sites

<vatican.va/content/francesco/pt/apost_letters/documents/papa-francesco-lettera-ap_20201208_patris-corde.html> (Acesso em: 1º/9/2024).

<vatican.va/content/francesco/es/homilies/2016/documents/papa-francesco_20161101_omelia-svezia-malmo.html> (Acesso em: 1º/9/2024).

<vatican.va/content/francesco/pt/speeches/2015/july/documents/papa-francesco_20150712_paraguay-giovani.html> (Acesso em: 1º/9/2024).

< ambientes.ambientebrasil.com.br/ecoturismo/artigos/
trilhas_-ecoturismo.html#:~:text=Desta%20forma%2C%20
trilhas%20s%C3%A3o%20caminhos,sinaliza%C3%A7%-
C3%B5es%20ou%20de%20recursos%20interpretativos> (Acesso
em: 10/6/2024).

< ihu.unisinos.br/categorias/42-comentario-do-evangelho/
586841-misericordia-deus-ama-a-fundo-perdido> (Acesso
10/06/2024).

< ignatiana.blog/2022/02/18/adroaldo-32/> (Acesso em:
10/06/2024).

Rua Dona Inácia Uchoa, 62
04110-020 – São Paulo – SP (Brasil)
Tel.: (11) 2125-3500
paulinas.com.br – editora@paulinas.com.br
Telemarketing e SAC: 0800-7010081